古代日本の神々の世界

神はいつごろ登場したのか？

岩本隆二

はじめに

　以下の論述は、縄文時代から古墳時代にかけて、日本人がどのように神という存在を認識するようになったか、すなわち神の形成や変遷を、各時代の社会状況に即して明らかにしようとする試みである。
　神は人々の思考・意識の中に形作られる観念的存在であり、一般的には、人知を超える威力を示す者、あるいは不思議な威力を示す霊的存在であり、宗教において畏れ崇められる信仰対象というように定義される。神は社会的な広がりをもって人々に共有される、人知を超える威力や霊的威力を示す観念的存在ということになる。
　神の形成や変遷を探るといっても、神は思考上・意識上の存在なので、遺物や遺構のように物として形に残るものではない。文字の使用がなかった縄文・弥生時代の日本人の精神世界に分け入って、彼らがどのように神を認識するようになったかを推測するのは至難の業と思われる。しかし、神として畏れ崇める対象が形成されれば、必ずそれを畏れ崇める祭りや儀礼（祭儀）が行われるので、遺物・遺構の中に祭儀の痕跡を見出して、そこから神と思われる存在を推測することはできるであろう。
　神は宗教上で畏れ崇められる信仰対象であり、宗教は神に対する信仰が思想的に体系化されるとともに社会的に制度化されたものであるが、そのような宗教がいまだ明確に形成されていない社会においては、祭儀の祈りの奥にある中心的な信仰的対象が、神に相当する存在の萌芽ということになろう。

　筆者は前著『古代神道の形成を探る』[1]において、日本古来で自然発生的といわれる古代神道の歴史的形成過程を明確にしたいと考え、縄文時代から飛鳥・白鳳時代までの歴史的背景の中で祭儀の発生・変遷の流

れを追うことにより、「古代神道の骨格となる神社祭祀は、弥生時代以来の農耕祭儀を基盤とした土地神祭祀を原点に形成された祭祀体系である」という結論に至った。そのとき、農耕祭儀を基盤にしてできあがった土地神祭祀という伝統的祭祀が、どのように神社祭祀に体系化されていくかという大枠の流れは把握できたが、それぞれの時代の祭儀の祈りの奥にあると思われる信仰的対象や神に相当する存在については、明確に把握することができなかった。

　筆者が把握した古代神社祭祀の形成過程の中で、神々のイメージにかかわる最も大きな出来事と思われるものは、古墳時代に「人格神としての祖先神」が登場したと考えられることだが、それ以前の神々のイメージはどのようなものであったのだろうか、それ以前には人格神や祖先神のイメージは全くなかったのであろうか。また霊魂は神と同等あるいは密接不可分な存在と考えられているが、日本人はいつごろから霊魂の存在を認識するようになったのであろうか。

　縄文時代から古墳時代にかけての日本列島の歴史については、多くの研究の蓄積がなされている。各時代の歴史や祭儀・信仰に関するさまざまな見解・論説を吟味・検討する中から、人々がどのようなものを信仰的対象とし、どのようなものを神として畏れ崇めるようになるのかという道筋を、できる限り浮彫りにしてみたい。

　探究の目的は、日本人が神を認識する道筋を明らかにすることであり、信仰的対象や神々を網羅的に分類して説明することでもなければ、『古事記』や『日本書紀』に現れる神々の氏素性を追うことでもない。

目　次

はじめに ───────────────────────── 1

Ⅰ．手掛かりとなるもの ───────────────── 5
　（1）『古事記』・『日本書紀』に現れる神々　5
　（2）アニミズム　7

Ⅱ．縄文人の精神世界 ───────────────── 9
　（1）葬制・墓制　9
　（2）環状列石・石棒・土偶　12
　（3）動物の造形　15
　（4）再生観念　20
　（5）縄文人の精神世界　26

Ⅲ．弥生人の精神世界 ───────────────── 31
　（1）農耕祭儀　31
　（2）再生観念の衰退　37
　（3）社会構造の変革と農耕祭儀の変化　39
　（4）弥生人の精神世界　44

Ⅳ．古墳時代の祭祀と神々 ─────────────── 51
　（1）祭祀の体系化と多様化　51
　（2）地域の安寧と繁栄を守護する存在　57
　（3）他界と霊魂　61
　（4）人格神　66
　（5）祖先祭祀と祖先神　68
　（6）カミという言葉　71
　（7）古墳時代の祭祀と神々　77

　参考文献　81

Ⅰ．手掛かりとなるもの

　古代以前の日本の神々を論じるときに、近・現代の民族誌や民俗誌から得られる神々のイメージをもって、大昔から近・現代にまで続いてきた神々であるかのように説明することがある。しかし、近・現代の民族誌や民俗誌から得られる神々のイメージがどんなに古くから存在したかのように見えても、それらをもとに古代以前の神々を推測する方法には基本的に無理がある。古代以前の神々が大きな変化もなく近・現代にまで続いている保証はなく、歴史の経過の中で変容し、消失したかもしれない。あるいは途中段階で新たな神々が生じて、近・現代にまで続いているのかもしれない。近・現代の民族誌や民俗誌から得られる神々のイメージをもとに、縄文時代から古墳時代にかけて信仰的対象や神々がどのように形成され変化したかという展開を探ることは不可能と思われる。

　信仰的対象や神々の形成や変遷を探るには、それぞれの時代の遺物・遺構や、当時を記した古文献などの文字史料から祭儀の痕跡を読み取り、何が信仰的対象とされ、神とされたのかを推測するしかない。とは言っても、何の手掛かりもなく探究を始めるのは何となく心もとないので、信仰的対象や神々のイメージにかかわる二つの見解を手掛かりになるものとして掲げておく。ただし、これらの手掛かりは、これから探究を進めるにあたって念頭に置くだけに留め、推論を展開する根拠とはしない。

（1）『古事記』・『日本書紀』に現れる神々
　古代日本の神々のイメージを推測しようとする際には、本居宣長が『古事記伝』の中で神について述べた記述が参照される。この江戸時代の国学者は、当時すでに解読不能になっていた『古事記』を長い年月を費やして丹念に読み解くことに成功した。宣長が『古事記』・『日本

書紀』をはじめとする古文献を読み込む中で捉えた神々のイメージは、「記・紀」の編纂に先立つさまざまな伝承に表れる神々のイメージや、「記・紀」が編纂された当時の人々が抱いていた神々のイメージを、江戸時代の日本人の感覚で読み取ったものとなり、古代日本の信仰的対象や神々を探る上で貴重な手掛かりとなりうる。

宣長はつぎのように述べている。

「さて凡て迦微(カミ)とは、古(イニシヘノ)御典(ミフミ)等に見えたる天地の諸(モロモロ)の神たちを始めて、其を祀れる社に坐(マ)す御霊(ミタマ)をも申し、又人はさらにも云(イハ)ず、鳥獣(トリケモノ)木草のたぐひ海山など、其餘何(ソノホカナニ)にまれ、尋常(ヨノツネ)ならずすぐれたる徳(コト)のありて、可畏(カシコ)き物を迦微(カミ)とは云なり、【すぐれたるとは、尊(タフト)きこと善きこと、功(イサヲ)しきことなどの、優(スグ)れたるのみを云に非ず、悪(アシ)きもの奇(アヤ)しきものなども、よにすぐれて可畏(カシコ)きをば、神と云なり（略）】抑迦微(カミ)は如此(カクノゴト)く種々(クサグサ)にて、貴(タフト)きもあり賤(イヤシ)きもあり、強(ツヨ)きもあり弱(ヨワ)きもあり、善きもあり悪(アシ)きもありて、心も行(シワザ)もそのさまざまに随(シタガ)ひて、とりどりにしあれば（略）大かた一(ヒト)むきに定めては論(イ)ひがたき物になむありける」[2)]

宣長によれば、「記・紀」に現れる神々や神社に祀られた神の霊をはじめとして、鳥獣木草や海山でも、尊さ善さ悪さあやしさなどが異常なほど大きかったり強かったりして、畏れ多いと感じさせるものが神であるという。宣長は、人知を超える威力や霊的威力を示す存在を、「良いことでも悪いことでも異常に大きな威力を感じさせるもの」と表現している。

筆者は古代日本において明確な人格神が登場する時期は古墳時代の後半と推測するが、宣長の説く神々のイメージから人格神を除いた、「鳥獣木草海山など」で異常に大きな威力を感じさせるものが、人格神登場以前の神々を示すことになるのであろうか。

さらに「記・紀」などに記された神々のイメージを、現代の研究者が

捉えればつぎのようになる。

「(宣長の説く神々のイメージは) 不可視な神々が木、石、火などの自然物や鏡、御幣(ごへい)などの依代(よりしろ)に宿ったり、風や雷などの自然現象として示現したり、人に憑依して託宣したりするという事実と合致する。換言すれば、そうした自然物、人間に宿って示現しない限り、浮遊しているままでは神々としての力は発揮されないのである。日本の神々は具体的な事物・現象・局面において観念されるもので、抽象・観念・理念的存在ではない。したがって、自然の事物・現象が恵みばかりでなく災害ももたらすと同様に、善悪の一方のみの存在でありえず、和魂(にぎみたま)・荒魂(あらみたま)の両面をもつと考えられる傾向にある。」[3]

ここでは、不可視な神々は鏡・御幣に宿るとか、風や雷などの自然現象として示現するので、浮遊しているままでは神々としての力は発揮されないとされるが、事物に宿らず示現しない状態で浮遊する神々の存在を想定しており、浮遊する抽象的な神々が、具体的事象に示現し力を発揮するという構図が示されている。

(2) アニミズム

アニミズムはすべてのものに霊魂が宿るという霊的存在への信仰形態を意味する文化人類学上の概念であり、イギリスの人類学者であるE.B.タイラーが『未開文化』の中で提唱し、未開人は動植物から無生物に至るすべてのものが霊魂を持ち、さまざまな作用をおよぼすと考えているとして、ラテン語で生命や霊魂を意味するアニマにちなんでアニミズムと名づけた。タイラーはアニミズムの段階から、霊魂が機能分化して個性や居所を持つ形ある霊に展開し、さらに人格化が進んで多神教となり、最後に唯一神になるという宗教の進化を提唱した[4]。

タイラーの弟子筋にあたるR.R.マレットはタイラーの考え方に対して、

多くの未開民族において非人格的な力・生命力（マナ）がモノや人間に宿るという思考が見られること、そこでは万物は単に生きていると見なされるだけで霊魂があるとは捉えられていないこと、独立の霊魂を認める以前に力または生命力を感覚する段階があったこと（プレアニミズム）を提唱した[5]。

「霊的存在についての信仰」とされるアニミズムの概念は、タイラーが近代の世界各地の民族誌の情報をもとに形成したものと思われるが、日本の原始・古代社会においても当てはまると広く考えられているので、本論では文明の初期段階から存在した可能性のある信仰形態の一つのモデルと見なす。マレットの「非人格的な力・生命力の存在に対する信仰」も、アニミズムの前段階という定義にとらわれず、文明の初期段階から存在した可能性のある信仰形態の別のモデルと見なすことができる。

本論では、これらのモデルをまとめて「アニミズム的信仰」と呼び、縄文時代から古墳時代の日本人の信仰的対象や神々を探る際に念頭に置く手掛かりとする。

Ⅱ. 縄文人の精神世界

　今から1万1700年前ごろに地球環境が氷期の更新世から温暖な完新世に移行すると、大陸の西アジアや中国では定住集落による農耕が開始され、やや遅れて牧畜も発生する。日本列島は大陸とは異なる温暖・湿潤で安定した海洋性の気候となり、温帯落葉樹と常緑広葉樹を中心とする森林に覆われる中で、基本的に狩猟・漁撈・採集を生業とした縄文文化が繰り広げられる。縄文時代には、大陸からの情報伝播や小集団の交流はあったものの、人間集団の大幅な置換や交替をともなうような移住や植民があったとは考えられない[6]。縄文社会は、列島の自然環境を最大限に利用して食料をはじめとする資源獲得を行い、物資の広範な流通網を備えた社会であった。縄文文化は列島内の各地域や時期により多様に変化するが、全体として大陸の文明・文化から独立した独自性の強い文明・文化であったと考えられる。

　このような縄文時代において、信仰的対象がどのように展開したのかを推測するには、遺物・遺構に祭儀の痕跡らしきものを見出し、何が信仰的対象であったかを探るしかないが、限られた遺物・遺構に見出せる痕跡はわずかであり、その評価・解釈については想像を豊かに巡らせることが必要となる。しかし、むやみに思いつきで想像を積み重ねると、全く見当はずれの評価や解釈を作り上げてしまうことにもなりかねない。そのことを意識しながら推測を進めてみたい。

（1）葬制・墓制
①死者との関係を維持する思い
　縄文時代草創期には、すでに副葬品や遺物の散布などにおいて多様なありかたを示す墓が見られ、続く早期の愛媛県や大分県の遺跡において

は、多数の遺骨を合葬した複葬（再葬）の例が確認されている[7)8)]。縄文時代の墓は土坑内に死者の遺体を埋葬したものであり、早い段階から住居に近接した一定の場所に墓を作ることが行われたようだ。

　縄文人は必ずしも死者を忌避すべきもの、穢れたものとは捉えていないようであり、死者を大切にし、死者との関係を維持しようとするかのような取り扱いが見られる。それは環状集落の中央部に集団墓を構成することに最も端的に表れており、集落内の竪穴住居に遺体を埋葬して墓とした廃屋墓の発達も、死者を身近に置こうとする意識の発露と思われる[9)]。

　人の死を悼み、墓という特定の場所に遺体や遺骨を大切に埋葬する行為により、残された者は墓の場所を見て死者を思い出しながら、死者との関係を維持することができる。墓は死者に関する記憶を固定し、死者との関係を維持するための装置であり、現代においてもその機能は変わらない。

　縄文時代に早くから墓が設けられたことは、残された者たちに死者との関係を維持しようとする思いが早くからあったことの証と見られる。環状集落の中央部に構成された集団墓や集落内の廃屋墓は、死者との関係を維持するために、死者をごく身近に置こうとする意識と考えられる。現代では住居から離れた場所に墓地を設置するのが通例であるが、縄文人が死者をごく身近に置こうとする傾向があることは、縄文人の死者との関係を維持しようとする思いが、現代の我々より遥かに強かったことを示している。

　貝塚の中に土坑を作って死者を埋葬した事例がある。貝殻の捨て場に死者を埋葬することは死者を粗雑に取り扱っているようにも見えるが、埋葬する人々は貝塚という場所に何か特別の意味合いを感じて、わざわざ墓場に選んだのかもしれない。

Ⅱ．縄文人の精神世界

②他界と霊魂

　死者が死後に遺体から離れて存在を続ける形が霊魂であり、死後に霊魂が赴いて存在を続ける場所が他界である。霊魂と神は、あたかも密接不可分のように見なされることが多いが、縄文人は他界と霊魂の観念を持っていたのであろうか。

　縄文時代中期の環状集落の墓地において、死者が出自（血統）や性によって区分された形で埋葬されていることは、死者が生前の家族関係から分断されて死後の世界（他界）を形作っていることを意味し、早期遺跡の例において死者がまず一個体で埋葬され、再葬により骨格を解体されてヒトの実態を失い他者とともに合葬されることは、ヒトの実態を保った一次葬の段階から死者の霊魂が他所（他界）に移動したことを示す、との指摘がある[8]。しかし埋葬区分や再葬を他界や霊魂の観念に結びつけるには、縄文人は土中に埋められて外界からは見えなくなる遺骸や遺骨について、何のために埋葬区分や再葬を行ったのかという本来の意図を推測し、その意図に沿って他界や霊魂の観念を想定すべきであろう。

　縄文時代の埋葬姿勢は、四肢を折り曲げた形の屈葬が代表的だが、列島全体を見渡すと、各関節の屈曲度合から見て、時期が新しくなるほど伸展化していく傾向が見られ、四肢の屈曲度合も地域的に異なる傾向を示すようだ[7]。屈葬について、死者が蘇ることを恐れ、あるいは遺体から霊魂が離れることを恐れて屈肢の姿勢で埋葬したというような解釈があるが、縄文人は死者を忌避すべきもの・穢れたものとは捉えていないこと、死者を身近において関係を維持しようとする思いが強いことを考えれば、これらの解釈は的外れに思えてくる。

　縄文人は死者との関係を維持しようとする強い思いを持っていた。それは、死者が死後も存在し続けるという思いを生む可能性があろう。死者は死後も存在し続けるという思いは、他界と霊魂の認識につながる可

能性があるが、縄文人は死者がどこに存在し続けると考えていたのであろうか。再葬においては、一次葬の墓に単体で存在していた死者たちの遺骨を、改めて結びつけて別の墓に存在を維持するという思いが見て取れる。中期後半以降の東日本に発達した廃屋墓は、異常死・突然死などの遺体が遺棄されたように見える例もあるが、通常の埋葬が行われたと思われる例も多く、通常の埋葬の一形態と考えられる[10]。この廃屋墓には、竪穴住居そのものを死者の棲みかに見立てて墓とした意図が窺える。後期の北海道にだけ特別に発達した円形の竪穴墓地は、上屋はなかったようだが竪穴の作り方は竪穴住居そのものであり、死者の棲みかとして住居の形に似た墓地を作ったものと考えられる[11]。

縄文人は墓が死者の棲みかと感じていたようであり、仮に他界や霊魂の観念を持っていたとしたら、墓が他界であり霊魂が存在している場所と感じていたことになる。再葬という行為には、一次葬から再葬までの間、死者は一次葬の墓に存在し、再葬により別の墓に存在を維持するという思いが感じられるので、死後に霊魂が遠くの世界に旅立つとか、現世の空間に浮遊するような思いを感じ取ることは難しい。現代の我々は墓に死者が眠るという思いを持つし、同時に死者はあの世に赴くという思いも持っているが、縄文人が死者を身近に置いて関係を維持しようとする思いが我々より遥かに強いこと、再葬という行為を連綿と続けていたことを考え合わせると、彼らは死者が遠くの世界に旅立つような思いを持っていたとは考えにくい。

（2）環状列石・石棒・土偶
①環状列石
　縄文時代の中期末から後期に発達する環状列石は、さまざまな観点から祖先祭祀のモニュメントと考えられている。中期は東日本一帯で爆発的に遺跡数と人口が増加して縄文時代の最盛期を迎えるが、中期末ごろ

から生じた気候の寒冷化にともない、後・晩期にかけて急激に遺跡数と人口が減少した。一転して生じた環境悪化と人口減少という社会不安のなかで、祖先を中心に据えた祭儀が盛んになったことは確実と思われる。この祭儀は祖先を求心力として集団の維持結束を図りながら今後の繁栄を祈る祭儀であり、社会不安を乗り越えようとする一大イベントであったのだろう。仮に他界と霊魂の観念が生じていたとすれば、このような祖先祭祀が盛んになるとともに、先祖代々の霊魂という意味で、祖霊の観念も生じた可能性はありうる。

　なお、周囲の特定の山を意識してその位置が決められたと思われる遺跡や列石・立石類の記念物があり、それらの山で冬至の日の出、夏至の日の入り、春分・秋分の日の入りなどが観測される例がある。暦はなくても、同じ場所から太陽の出没点が移動する観測を続けると、夏至から冬至にかけて出没点が南に移動し、冬至で折り返して夏至にかけて北に移動し、また夏至で折り返して南に移動するので、比較的簡単に冬至と夏至を認識できるとともにその中間点での春分・秋分も認識できる。縄文人の狩猟・採集生活でも、季節の変化を知ることは極めて重要であったので、冬至・夏至・春分・秋分（二至二分）は認識されていたと考えられる。冬至との関連が取りざたされる環状列石から墓が確認されるのは、冬至における太陽の再生と、死者や先祖の再生を結びつけられる場所が選ばれた結果と見られる。縄文人は特定の目立つ山にかかる太陽の出没や、記念物からその光景を望めるという視覚的効果を考えて記念物を配置したことが想定される。また、生活領域のどこからでも姿を眺められる目立つ山を指標として、方角や居場所を知る方法を「山あて」といい、現代でも各地で行われている。また目立つ山の表情の変化から季節の変化を知る方法を「日和見(ひよりみ)」といい、現代でも農作業の開始時期などを知る手立てとなっている[12]。

　狩猟・採集生活の縄文人にとっても、二至二分や日和見により季節

の変化を知ることや、山あてにより現在の位置を確認することは、日常生活で重要な手立てであった。二至二分の日の出・日の入りを意識して、特定の山を望む場所に記念物・構造物を配置することや、目立つ山を利用する山あてや日和見は、必ずしも当初から山そのものに対する信仰的な関心があったことを示すとはいえない。

②石棒

　石棒を怒張する男根と見なし生殖能力や男性的な活力の象徴と見る点は定説であるが、石棒祭儀については、狩猟などの収穫を祈願する祭儀、家族・集落などの守護・子孫繁栄を祈る祭儀、家ないし個人の特別な社会的地位を示す権威の象徴と見るなど、見解は分かれている。その中で、中期前半に確立する大型石棒を祖霊観念や祖先祭祀に関係する象徴と見て、祖先祭祀は前期後半に遡源する可能性が高いとする見解もある[9]。

　生殖能力を示す大型石棒を祖先祭祀にかかわる象徴と見る場合には、石棒の生殖能力を祖先祭祀に組み込んで、「死と再生」あるいは「祖先が持つ霊的な生殖能力」の象徴などと見なされる。

　大型石棒の出土状況を分析し、住居跡から離れた場所に半分埋められたように廃棄され、焼いて破砕した痕跡があることから、祖先祭祀などではなく、婚姻の儀礼に準備された道具とする見解もある[13]。

③土偶

　土製の人形である土偶は縄文時代を代表する遺物の一つであり、列島の各地で多様な変貌を遂げて発達するが、その性格については、多産・子孫繁栄の象徴とする見解と祖先祭祀の象徴とする見解に分かれる。土偶は中期末ごろまでほぼ豊満な女性像として作成されるので、出産の無事を祈る妊婦の個人的なお守りの役目や、家族単位や集落で多産や子孫繁栄を祝う祭儀などに祭具として使用された可能性が高いが、後期初頭

には一部を除き全国から土偶の姿が消えさる。そして再び東北地方から全国に伝播してゆき、やがてハート形土偶・ミミズク土偶・遮光器土偶など、デフォルメされ女性表現が稀薄化された形態が現れる[14]。この時期は、祖先を中心に据えた祭儀が盛んになる時期であり、多産・子孫繁栄の象徴から、新たに祖先祭祀にかかわる役割を担うようになったことが考えられる。人口が増加し社会の成長を実感できた時期には多産・子孫繁栄の象徴とされ、人口減少による社会衰退の不安が生じた時期には祖先祭祀の象徴に転化したことになる。

遮光器土偶については集落内の不特定・一般場所から出土することから、集団的な儀礼に使用されたのではなく、私的儀礼に使用され廃棄されたという指摘がある[15]。

縄文土偶はユーラシア大陸の後期旧石器時代以来のヴィーナス像の流れに関連するとの見方があり[16]、縄文土偶を「多産・豊穣」の象徴と見て「地母神」と表現することがある。地母神は「作物の豊かな実りをもたらす母なる大地」の象徴であり、大陸の農耕社会で明確化された観念と言われている。仮にヴィーナス像の流れが日本列島にもたらされ、形態として縄文土偶の起源になったとしても、農耕神としての地母神観念が、狩猟・採集の縄文社会に受容され定着することは考えられないので、縄文土偶を「地母神」と表現することはできない。本論では土偶を「多産・子孫繁栄」の象徴と表現する。

（3）動物の造形

縄文時代の遺物の中に、動物を象った土製品（動物形土偶）や、動物の造形が表された土器などがある。日常生活用具である土器に表された動物造形は祭儀のためのものとは言いにくいが、単体の土偶として造形されたものなどとともに、そこから縄文人の動物に対するなんらかの思いを読み取ることができるであろう。

①造形例
　遺物に見られる動物の造形の例は以下のとおりである[11) 17)]。

　（ⅰ）クマ形の土偶が北海道で早期以降約60例、東北地方では後期から弥生中期まで約20例見つかっており、北海道から東北地方の縄文後期には、土器の表面や内側の底に表されたものもある。

　（ⅱ）イノシシ形土偶は、東北地方を中心に中期後半以降晩期まで約100例見つかっている。土器では、縄文前期の関東地方の深鉢の口縁部に突起として現れ、中期になると中部地方の土器の口縁部の突起にしばしば表されるようになる。後期になると東日本で小さな土偶となり晩期には近畿地方まで広がる。

　（ⅲ）ヘビ、オオサンショウウオ、カエルが中期の関東・中部地方の土器の図像として突然現れる。
　ヘビについては、土器の口縁部にヘビの突起をつける、口縁部の対向した位置に女の顔を表した把手とヘビを立体的に表した突起をつける、口縁部に互いに向き合う形でマムシと口を開けたイノシシの突起をつける、イノシシにからみつくヘビを造形化する、イノシシの頭にヘビの体を持つ文様を描く、女性形土偶の頭に這うように立体的にヘビを表す、などの例がある。
　オオサンショウウオは土器の側面に文様のような図像として描かれ、カエルも土器の側面に立体画として描かれた例があるほか、カエルの前足にかみついたオオサンショウウオの図像もある。

　（ⅳ）その他に、サル、カメ、シャチなどの土製品が少数出土している。

②造形が象徴するもの

（ⅰ）クマは現存する狩猟民の間で森の主や精霊として信仰の対象とされるが、本論では近・現代の民族誌の事例をそのまま縄文時代に遡らせて当てはめることはせずに、縄文時代に造形化されるようになった理由を、当時の社会状況をもとに推測してみたい。

北海道ではクマとシカが主要な狩猟対象であったが、シカは造形化されずに、クマが造形化された。クマはその凶暴さ・強さゆえに、獲物の代表として造形化されたと思われる。クマの個体としての凶暴さや生命力の強さは、そのまま繁殖力の強さにつながると考えられたであろう。シカは1回の出産で1頭の子供を産むだけだが、クマは複数の子供を産むことができるのでシカに比べて「多産」である。クマは「個体としての強さ」のみならず、「繁殖力の強さ」すなわち「多産・子孫繁栄」の象徴として造形化されたと考えることができる。東北地方に後期以降の造形例が見つかるのは、気候の寒冷化にともない、北海道から北方系の文化の影響が強まったためと思われる。

（ⅱ）イノシシとヘビ

イノシシはシカと並んで本州以南では主な狩猟対象であり、遺跡から出土する動物の骨の状態から見てイノシシとシカを同程度に捕食していたと見られる。北海道と同様にシカの造形はほとんど見当たらず、イノシシの造形が圧倒的に多く見られるのは、多産で繁殖力が強いために子孫繁栄の象徴として造形化されたと考えられる。

ヘビは洋の東西を問わず不気味な存在として認識されるとともに、鎌首を持ち上げた形から男根の象徴とされる。

土器の口縁部にイノシシとヘビを対置する造形や、頭がイノシシで体がヘビの図像例があることに加えて、火焔土器の口縁部の突起はイノシシの口にヘビが頭を入れている図像とも見られるので[11]、これらは多産

の象徴のイノシシと男根の象徴のヘビを組み合わせて、生殖・多産・子孫繁栄を象徴していると見ることができる。土器の口縁部に女の顔とヘビを対向する位置に造形化した例や、土偶の頭部にヘビを表した造形も、多産の象徴の女性の顔や土偶に生殖能力を象徴するヘビを組み合わせた生殖・多産・子孫繁栄の象徴と考えられる。

　このイノシシとヘビの組み合わせを、山の主と土地の主になぞらえる見方があるが、「山」と「土地」を対比して捉える意識は、農耕社会となる弥生時代以降に明確化するものであり、縄文時代には当てはまらない。縄文時代は環状集落のすぐそばには狩りを行う森林が山々まで続き、魚を採る川や貝を採る海岸が広がっていた。住居地とそれに密接する狩猟・漁撈・採集の場とが一体となって生活領域を形成していたので、山と土地を対比させる意識は生じない。弥生時代以降になると、開発された田畑と住居地からなる一定の土地の広がりが日常の生活領域を形成し、その周囲に森林が山々まで続く景観となって、「開発された土地」と「未開発の山」という対比概念が生じる。

　（ⅲ）オオサンショウウオとカエルは、水の主と水の精との見方があるが、オオサンショウウオは形状から見て男根の象徴、カエルは多くの卵を産む多産の象徴と考えられ、イノシシとヘビの代わりに水にかかわる動物を取り上げたもので、やはり生殖・多産・子孫繁栄を象徴していると見られる。カエルの前足にかみつくオオサンショウウオの図は、土器の口縁部にイノシシとヘビを組み合わせて造形化したように、多産の象徴のカエルに男根の象徴のオオサンショウウオを組み合わせた造形であろう。

③造形に込められた思い
　遺物に見られる動物の造形は、クマ、イノシシ、ヘビ、オオサンショ

Ⅱ．縄文人の精神世界

ウウオ、カエル、サル、カメ、シャチなどがあるが、クマ、イノシシ、ヘビ、オオサンショウウオ、カエルからは、明確に多産・生殖能力・子孫繁栄の象徴としての役割を読み取ることができる。

　なぜ縄文人は土偶や石棒のような祭儀用の道具にではなく、日常生活用具である土器に、多産・生殖能力・子孫繁栄を象徴する造形を表したのであろうか。動物の造形を表した深鉢形の土器は食料を煮炊きするための道具であり、「食べる」という生存を維持するための行為に使う道具である。そのような道具に多産・生殖能力・子孫繁栄を象徴する造形を表すことは、縄文人が生存の維持と種の保存を、最も重要なつながりのある行為として認識していたことを示すと考えられる。

　④狩猟儀礼
　前期の北海道の貝塚で多数のイルカの頭骨を放射状に配置したものやトドの頭骨だけを集めた土坑状のものが検出されたこと、前期の石川県の遺跡で数百頭にのぼると見られるイルカの骨が集中的に配置されたものが出土したことなどから、独特の動物狩猟儀礼の存在が想定される[17]。後晩期の東京都の遺跡では、大量のシカとイノシシの骨に加えて、実用ではなく儀礼用と見られる弓が複数出土しているので、やはり狩猟儀礼が行われた可能性がある[18]。しかし縄文時代にはこうした例はごく少数といわれる[11]。

　イルカやトドの頭骨を集めた跡は、めずらしく浜に押し寄せたイルカやトドの大群を収穫できた驚きと喜びを記念するための行為かもしれない。シカとイノシシは本州以南では縄文時代を通じて主要な捕食対象であったので、狩猟儀礼にそれらの骨が使用されることは当然といえる。これらの骨は狩りの獲物として埋められたもので、前述の動物の造形に見られるような特別に象徴的な役割を担っていたわけではないと思われる。

（4）再生観念
①生殖・出産と死者・祖先

　以上のとおり遺物・遺構に見える痕跡から推測できる範囲で、縄文人が信仰的ともいえる強い関心を示したものは、ⅰ）葬制・墓制に見られる死者との関係を維持する思い、ⅱ）環状列石に見られる祖先に対する思い、ⅲ）石棒に見られる生殖能力・子孫繁栄と祖先に対する思い、ⅳ）土偶に見られる多産・子孫繁栄と祖先に対する思い、ⅴ）動物の造形に見られる生殖能力・多産・子孫繁栄である。

　それらをまとめると、生殖・出産にかかわるものと、死者・祖先にかかわるもの、つまり、人が生まれ出ることと、死んでからのこととなる。

　縄文人は生殖・出産と死者・祖先にかかわる場合以外にも、狩に出かける前に収穫を祈り、獲物を得たときには収穫を祝い、病人が出れば回復を祈り、その他人生の節目などさまざまな場面やさまざまな目的で祈ったり祝ったりしたであろう。それらの儀礼・儀式は日常的な出来事にかかわる願いや喜びを素直に表現するものや、人生の節目を記念して祝う儀礼などであったと思われる。

　遺物・遺構に見られる痕跡から想定しうる限りでは、個々人の生存とともに、生殖・出産にかかわること（人が生まれ出ること）と死者・祖先にかかわること（人が死んでからのこと）が、縄文人の生活において最大の関心事であったと考えられる。

②死者・祖先の再生

　生殖・出産への強い関心・執着は、子孫繁栄への強い願い、すなわち種の保存という本能的願いを示すことは明らかだが、死者・祖先への強い関心・執着は何を示すのであろうか。早くから遺骨を多数組み合わせて合葬する再葬が行われ、その後もさまざまな形で再葬が継続されるが、そのような再葬はなぜ、何を目的に行われたのであろうか。新たな死者

で一次埋葬の場所がなくなりすでに埋葬されていた遺骨を集めて再葬するとか、祖先崇拝や死者の遺骨尊重の思いなどというだけでは、早くから再葬が行われたことの明確な説明にはなりえない。縄文人が早くから死者・祖先に強い関心・執着を示し、再葬を行ってきた背景には、彼らが抱く根源的な願いや思いがあったと思われる。

　大型石棒を使った祖先祭祀には死と再生の祈りが推測された。冬至との関連が取りざたされる環状列石には、太陽の再生と死者・祖先の再生を結び付ける意図が推測された。また甕(かめ)などの土器の中に幼児骨やその他の再生・復活を願うものを入れ、住居の入り口や屋外などに埋設する祭儀が行われており、これは縄文人の「生と死と再生・豊穣」という循環的思想にもとづいて行われたとする指摘がある[19]。東日本地域の縄文晩期から弥生時代初頭にかけて著しく発達する再葬制については、自然環境の悪化や異質な農耕文化との接触などにより社会が不安定化する中で、祖先を精神的支柱に同族の紐帯関係を強化する装置が求められたと考えられているが、その背後には死と再生の観念の存在が指摘されている。また再葬を行う社会は、死に対する独特の論理を持ち、それは再生観念とも密接に結びついていることが、文化人類学の立場から論じられている[20]。

　これらの指摘や解釈からは、縄文人は死者・祖先が再生するという強い思いを持っていたことが読み取れる。縄文人の死者・祖先への強い関心・執着は、彼らが死者・祖先の再生を強く願っていたことの表れと考えられる。

③家族・集団の維持存続

　縄文人が死者・祖先の再生を強く願っていたとすれば、彼らは死者・祖先がどのように再生すると考えていたのであろうか。死者・祖先が死んだときの姿で蘇ると思っていたのであろうか、それとも違った姿に生

まれ変わると思っていたのであろうか。彼らが生殖・出産への強い関心・執着と同等に死者・祖先の再生に強い関心・執着を示していたとすれば、彼らが願う死者・祖先の再生は、「死者・祖先が子孫として生まれ変わる」という思いであろう。

　彼らにとって人の死は、家族・集団の貴重な労働力や役割の喪失であり、残された家族・集団の維持存続を左右する重大事である。彼らは、人が斃れればまず生き返ることを願い、見守る遺骸が腐化すれば丁重に土中に葬り、やがて死者による欠員を補うように新たな子供が誕生して、家族・集団が無事に維持存続されることを願ったであろう。彼らは祖先が祖父母を生み、祖父母が両親を生み、両親が自分たちを生んでくれたおかげで、今の自分たちがあることを理解していた。その自分たちの姿形が両親や祖父母に似ていることも認識していた。彼らは自然に、亡き両親・祖父母・祖先の確かな生殖・出産能力が再生能力という形で新たな命となり、自分たちに子供が誕生して家族・集団が維持存続されるという思いを抱くようになったのであろう。それは、亡き両親・祖父母・祖先の確かな生殖・出産能力（現実的な生殖・出産能力）を再生能力という形で利用し、これからの生殖・出産を確実にして家族・集団の維持存続を図ろうとする思いであり、死者に対する喪失感や哀悼の念を、家族・集団の維持存続という意欲と希望に振り向ける思いである。

　縄文人の「死者・祖先が子孫として再生し、家族・集団を維持存続させる」という願いは、種の保存の本能の延長線上に生じる根源的な願望であり、縄文時代の当初から強い信念として存在したと思われる。その根源的な願望にもとづき、縄文人は早くから葬制・墓制を形作り、再葬を発展させたのであろう。死者が出ればその願いを込めて丁重に葬り、その前世代の遺骨については、すでに子孫として再生してくれたことに感謝し、あるいはもう一度再生してくれるように願い、または新たな死者がやがて子孫として生まれ変わることを見守ってもらうよう、丁重に

再葬するのであろう。再葬は、死者・祖先の子孫としての再生を願い、家族・集団の維持存続を祈念する大切な行為であった。

　死者・祖先が子孫として再生し、家族・集団を維持存続させるという信念は、縄文人の生活維持における基本的な信念であり、彼らの「世界観」というべきものである。

④再び他界と霊魂について

　これまでの推論から、他界と霊魂に対する認識の態様において、縄文人と後世の人々には明らかに大きな違いがあることが見えてくる。

　縄文人が死者・祖先の再生を切に願っていたとすれば、彼らは死者が確実に再生するためには、どのように墓を作りどのように埋葬すればよいかを懸命に考え、工夫したはずである。彼らの葬制・墓制における最大の関心事は、死者・祖先の再生能力の確実な発現であったと思われる。したがって、彼らは死者が死後に再生するまでの間、どのような世界にどのような形で存在するかに着目していたわけではなかろう。彼らはごく自然に死者を墓に留めて死者との関係を維持しながら再生を願っていたのであり、死者が再生するまで留まる墓を明確に他界として認識する必然性も、霊魂という形で留まると認識する必然性もなかった。死者は再生するという信念を持つ人々には、死後の世界への意識は生じにくいといえよう。

　弥生時代になると、死者は再生しないという確信が生じたことが、当時の葬制・墓制から読み取れるようになる。死者は再生するという信念が、死者は再生しないという確信に変わると、人々は死者が死後にどのようになるのかを考えるようになる。やがて死者が霊魂という形で永遠に留まる世界を想定するようになり、多くの死者が赴く遠くの世界として黄泉の国や浄土や天国や地獄を思い描くようになる。霊魂が現世の空間に浮遊するという考えも、死者は再生することはなく、霊魂という形

でどこかに永遠に留まることになるという理解を前提にした考えである。
　結局、死後の世界を意識する必然性のなかった縄文人は、他界と霊魂について明確な認識を持っていなかった可能性が高く、死者は再生しないという確信が生じた弥生時代以降に、人々が他界と霊魂を認識するようになると考えられる。死者・祖先が子孫として再生するという信念を持つ人々には他界と霊魂の認識は生まれにくく、死者は再生しないという確信を持つ人々に他界と霊魂の認識が明確になるといえよう。
　人間以外のものに宿る精霊の観念は、人間以外のものを擬人化して霊魂の観念を適用したものであり、霊魂の観念がないところに精霊の観念は生じない。縄文人が霊魂を認識していない場合は、精霊についての認識も生じていない。

⑤葬制・墓制についての解釈
　縄文人が死者・祖先の再生を切に願っていたこと、他界と霊魂を認識していなかったことを前提にすれば、葬制・墓制や祖先祭祀の全般に関してつぎのような解釈が可能となる。

　●再葬は既述のように、過去の死者たちがすでに再生してくれたことに感謝して、その遺骨を集めて別の墓に埋葬するという行為であり、再生による家族・集団の維持存続を祈念する大切な行為であったと考えられる。
　●一次埋葬が出自や性により区分されることは、埋葬を区分することにより、死者の生殖能力や出産能力を再生能力としてより確実に保持できると考えたからであろう。
　●環状集落の中央部に集団墓を構成することは、死者を生活の中心に置いて死者との関係を緊密に維持しながら再生を願う意図の表れと見られる。

Ⅱ. 縄文人の精神世界

●貝塚の中の土坑に死者を埋葬する場合は、砂浜や岩場で豊富に採れる貝類に繁殖力の強さ（多産・子孫繁栄の力）を感じ、貝殻の中に埋葬することで再生が確実になると考えたのではなかろうか。
●廃屋墓や北海道の円形竪穴墓などは、死者が生前と同様に住居で生活を続けているかのように埋葬して、再生を確かなものにしようとしたのであろう。
●早くから遺体を土坑内に直接埋葬する形で行われてきた屈葬は、住居内の炉のまわりに腰をおろしている姿勢や眠るときの姿勢で遺体を埋葬し、死後も生きているかのように見なして確実な再生を願ったものといえる。縄文後・晩期から弥生中期にかけて見られる、乳幼児の遺骨を入れた甕棺墓については、甕は子供を生み出す女性（あるいは胎児を包む子宮）の象徴、屈葬のような遺骨の形は胎児の姿勢を模したものとの見方があるが、生活しているときの姿勢を保持して再生を願う屈葬の形が、乳幼児については胎内で育つときの状態を模して埋葬する形になったと考えられる。
●祖先祭祀が盛んになった段階でも祖霊という観念は存在せず、中期末から後期に発達した祖先祭祀は、寒冷化により人口が減少する不安な社会において、祖先の再生能力の発現を願いながら集団全体の維持存続と結束を願う祭儀であったと考えられる。
●祖霊の象徴に転化した土偶や祖先の霊的な生殖能力の象徴とされる石棒は、祖先の再生能力の象徴というべきである。

　縄文時代の葬制・墓制や祖先祭祀の根底を貫いているものは、死者・祖先が子孫として再生し、家族・集団を維持存続させるという縄文人の強い願いであり、その再生能力の確実な発現を願う強い思いである。

（5）縄文人の精神世界
①再生観念と基本的信念

　日本列島の自然環境を最大限に利用し、大陸の文明・文化からは独立した独自性の強い狩猟・採集社会を維持していた縄文人は、「死者・祖先が子孫として再生し、家族・集団を維持存続させる」という基本的信念のもとに、生殖能力・出産能力・再生能力に最大の関心を払いながら生活し子孫を残していった。生殖・出産・再生能力は、彼らにとって信仰的対象といいうる関心事であった。死者・祖先の再生を信じていた彼らには、他界や霊魂の観念は生じにくく、他界や霊魂の観念は明確になっていなかった。

　縄文人の生殖・出産・再生能力に対する強い関心・執着は、種の保存の本能から自然に生じる意識、すなわち子供たちが無事に生まれて家族・集団が維持存続されるようにとの願いを直接的に表すものであり、何らかの観念的存在を崇め畏怖する意識とは異なるものである。何か大きな威力を持つ観念的存在に頼って生殖・出産・再生能力の発現を祈るという意識も生じていなかったと思われる。頼るという点については、これからの生殖・出産を確実にするために、死者・祖先の再生能力に頼ったと見ることができるが、その再生能力は、死者・祖先が確かに自分たちを生み出してくれたという現実的・具体的な能力が形を変えたものであり、何か不思議な威力を持つ観念的なものとして認識されていたわけではない。現実的・具体的な「力」に頼ろうとする思いは、目立つ山で冬至の日の出が観測される場所に環状列石を配置することにも見られる。縄文後期の寒冷化による人口減少の時代には、従来から頼ってきた死者・祖先の再生能力に衰えが感じられたのであろう。そこで、これから確実に日が長くなる冬至の日の出が持つ「力」を利用して、死者・祖先の再生能力を高めるとともに集団の維持存続と結束を祈る祭りを環状列石において行ったと考えることができる。

縄文人の基本的信念を、「自然の至る所に霊魂が存在し、これが循環再生していくことによって世界が成り立つと考える霊魂観・世界観」[21]のように言い表すことがある。しかし、縄文人は霊魂を明確に認識していなかったと考えられ、人間以外のものに霊魂・精霊が宿るという認識もなかったと思われる。縄文人の再生観念は、確かに自分たちを生み出してくれた亡き両親・祖父母・祖先の生殖・出産能力（現実的な生殖・出産能力）を再生能力として利用し、これからの生殖・出産を確実にして家族・集団の維持存続を図ろうとする願い、すなわち子孫繁栄・種の保存を図ろうとする本能的な願いであり、現代の我々が「万物流転」や「輪廻転生」や「自然界の循環サイクル」というような言葉で想起する再生や循環の観念とは異質なものである。

②人間の力と自然の力
　縄文社会は基本的に食料をはじめとした生活物資の全てを自然環境から得る狩猟・採集社会であり、人々は自然環境に生活の全てを依存しながら、死者・祖先が子孫として再生し、家族・集団を維持存続させるという信念の上に、懸命に子孫を残そうとしていた。縄文人は自然環境に生活の全てを依存していたがゆえに、自然環境に対して自分たちの力（人間の力）を確かな力として認識できていなかったと考えられる。

　弥生時代の農耕社会になると、自然の中で水田を切り開き稲を栽培して食料となる米を収穫する行為が、家族・集団を維持存続させるという確かな自信が生じ、自然を切り開く人間の力を明確に認識できるようになる。自然を切り開く人間の力を認識すると、それとの対比で自然の力の認識も生じる。

　縄文人は自らの力（人間の力）を明確に認識できていないので、それを取り巻く自然の力も認識できていない、つまり我々が感じるような「人間の力」対「自然の力」という形では自然環境を認識していなかっ

たと思われる。彼らは自分たちを取り巻く圧倒的な自然環境を最大限に利用しながらも、人間の力に対比される自然環境の力を客観的に認識することなくひたすら生存を図り、子供を生み子孫を残すために生殖・出産・再生能力に最大の関心を払いながら生活していた。

③人知を超える威力・霊的威力

　人はどのような認識の段階・過程を経て、人知を超える威力や霊的威力を示す存在を認識するようになるのであろうか。縄文人は人間の力を明確に認識できていないがゆえに自然の力も認識できていなかったこと、弥生時代の農耕社会になると自然を切り開く人間の力を明確に認識するようになり、それとの対比で自然の力も認識するようになると推測した。この推測を踏まえれば、まず自然を切り開く人間の力と自然の力の対比を認識し、次に人間の力を超える何らかの威力を意識し、「人知を超える威力を示す者」が認識されるのであろう。霊的威力を示す存在は、当然ながら霊魂の認識の上に成り立つものである。

　人間の力と自然の力を対比する形で客観的に認識していなかった縄文人は、人間の力を超える威力を認識できていない。また彼らは霊魂の存在を認識していなかったので、不思議な霊的威力も認識できていない。彼らの精神世界は、神のような観念的存在を認識しうる前段階にあり、神のような観念的存在を崇めて祈りを捧げるという意識も生じていなかったと考えられる。

　彼らは、地震・火山の噴火・台風・洪水など、自分たちの生存や生活を脅かすさまざまな自然現象の発生に恐れおののき、身の安全を祈ったであろう。命の危険を身近に感じさせる自然現象を恐れることは、あらゆる動物に備わった生存本能にもとづく感情であり、災害が及ばないように身の安全を祈ることも、生存本能から自ずと生じる行為である。縄文人がすさまじい自然現象に恐れおののき、災いが及ばないように祈っ

ていたからといって、自然現象の威力に神のような存在を感じていたことにはならない。

④「**手掛かりとなるもの**」とのつながり

　縄文人が霊魂を認識せず、神のような観念的存在も認識していなかったとすれば、宣長の説く「良いことでも悪いことでも異常に大きな威力を感じさせるもの」を神として認識することはなく、アニミズム的信仰を意識することもなかったと思われる。縄文人の精神世界は、宣長の説く神々のイメージとも、アニミズム的信仰とも無縁であった。

　日本古来の信仰として、海・山・木・岩・滝などの自然物を神の依代(よりしろ)として崇拝する自然信仰があり、その萌芽は縄文時代に遡るという見解を見かけるが、神のような観念的存在を認識しうる前段階にあった縄文人は、自然物や自然現象の大きな威力に神のような観念的存在を感じて崇拝することはなかったと思われる。

Ⅲ．弥生人の精神世界

　今から 2700 〜 2800 年前ごろに、朝鮮半島から水田稲作の技術を携えた最初の移住者集団が北部九州に渡来し、本格的な水田稲作を開始して弥生時代への移行が始まる。その後も何回かにわたり移住者集団が渡来するとともに、水田稲作は数百年をかけて各地に広まり、紀元前 300 年前後に伝来した青銅器・鉄器の使用も広まって、弥生時代中期には日本列島の広範囲に農耕社会が定着する。やがて各地に小さな「国」が形作られ、国々に権力を持った首長が出現して地域支配を行うようになるとともに、小さな国々の分立から広域的な連携を経て、女王卑弥呼（ひみこ）が君臨する統一的倭国が形成される。弥生時代には縄文時代とは異質な精神世界が展開するが、それを農耕社会の定着と社会構造の変革という観点から眺めてみる。

（1）農耕祭儀
　水田稲作の伝来と伝播により、日本列島は狩猟・採集社会から農耕社会に転換していくが、水田稲作の技術にともなって農耕祭儀も伝来し、列島各地に広まりながら独自の形を作り上げていったと考えられる。
　しかし農耕祭儀の場としての痕跡はほとんど残っていないため、銅鐸と土器に描かれた絵画によって儀礼の内容が推察されてきた。銅鐸の絵画で最も多い画題はシカと鳥であり、土器の絵画ではシカと建物である。シカが地霊、鳥が穀霊（稲霊）、高床式建物は稲を納める倉庫、鳥装の人物は農耕祭儀を司る司祭者などと考えられている[22]。頭に羽飾りをつけて盾（たて）と戈（ほこ）を持つ人物は、武人や司祭者や自然と戦う人物などさまざまに解釈されているが、農耕祭儀においてそのような役割を演じる儀礼が行われたと推測されている[23]。頭に羽飾りをつけた人物が船を漕ぐ図も

描かれている。また環濠集落の遺跡などから出土する鳥形木製品は、竿の先に取り付けたと思われる痕跡を残しており、稲作にかかわる鳥霊信仰を示すもの、あるいは農耕祭儀の中で稲霊の象徴として使用されたと見られている[24]。

　銅鐸や土器に農耕にかかわる絵画を描くことは、水田稲作とともに朝鮮半島からもたらされたと考えられる。弥生文化の形成に大きな影響を与えたとされる朝鮮半島の無紋土器文化では、少数の青銅器の絵画例があり、シカ、トラ、棒の上にとまる鳥、畠を耕す人物などの図が見られるので[25]、水田稲作技術を持った移住者や青銅器を携えた移住者とともに、これらの絵画表現の知識と技術が半島から北部九州にもたらされ、弥生時代の銅鐸や土器の絵画の源流になったと推測される。

①銅鐸に描かれた世界観

　弥生時代中期の絵画を代表するものとして、作者が同じと考えられる４点の銅鐸に描かれた絵画は、水（水田）と深い関係を持つ人間（男性）が自然（地）に打ち勝つことを表現しており、そこには、人間が水（水田）により自然の一部を超克するという弥生時代中期の世界観を見出すことができる[25]。これらの絵画は、水田稲作という農耕の定着にともなって、人間が自然を超克するという世界観が新たに形成され、「水田稲作（開発）」対「自然（未開発）」あるいは「人間の力（開発）」対「自然（未開発）」という対比意識が生じたことを示している。

　ここには、水田を象徴する動物として鳥（サギやツルと思われる長い嘴と脚の鳥）・亀・魚・トンボなどが、未開発の自然を象徴する動物としてシカ・イノシシが描かれている。鳥は単独の絵もあるが、水田にかかわるその他の動物も数多く描かれているので、水田を代表する動物のうちで重要なものという位置づけに見える。弓矢を持つ人物がシカを捕まえる場面やシカやイノシシを射る場面があるが、シカの方が多く描か

れているので、シカは自然を象徴する動物としてイノシシよりも重視されているように見える。イノシシは縄文時代に多産の象徴として重視されたが、弥生時代になると人々の価値観の中心が「多産」から水田稲作による「豊穣」に変わるとともにイノシシの家畜化も進んで、シカが自然を象徴する動物の中で優位になったと考えられる。これらの絵画からは、鳥は水田を象徴する重要な動物に見えるが、必ずしも穀霊・稲霊という観念は読み取れない。シカは未開発の自然の象徴に見えるが、地霊という観念を感じ取ることはできない。

　先に、「開発された土地」と「未開発の山」を対比させる意識は弥生時代以降に生じると述べたが、この弥生時代中期の銅鐸絵画の段階では、「水田稲作（開発）」と「自然（未開発）」という対比が想定される。その後次第に各地の水田開発が平野部の低地から山裾や山間部に向かって広がっていく過程で、開発された土地（水田と住居地）と未開発の山という対比が明確になっていく。水田開発の開始から広まりの中で弥生人が一貫して持つ意識は、水田稲作（開発）と自然（未開発）、あるいは人間の力（開発）と自然（未開発）のように、開発と未開発を対比させる意識であり、その意識の上に土地や山が、開発あるいは未開発の象徴として位置づけられていく。

　奈良県の遺跡から出土した土器などには、鳥の羽飾りを頭につけて盾と戈を持つ人物が描かれている。この盾と戈を持つ姿は、古代中国の儀礼の姿を源流としているようだが、同様の絵画群の中にある矢負いのシカの図や、4点の銅鐸に描かれたシカやイノシシを射る人物との関連を考えれば、これらの土器に描かれた段階では、武器を持って自然と戦い水田を開発する姿を表していると見るべきであろう。盾と戈を持つ人物やシカやイノシシを射る人物は、自然を切り開いて水田開発を行う過程、すなわち自然を超克する過程を象徴しており、盾と戈を持つ人々が農耕祭儀で演じる儀礼は、祖先の水田開発の努力の歴史を称える意味合いで

あったと推測される。

　本論では、水田稲作の広まりとともに農耕社会が定着した弥生時代中期の基本的世界観を、「人間が農耕により自然を超克して豊穣をもたらし、家族・集団を維持発展させる」と表現する。

　②鳥装のシャマン
　土器や銅鐸に描かれる鳥装の人物は、大きな翼状の飾りものを打ち振るものと頭に羽飾りをつけるだけのものに二分され、前者は農耕祭儀の主役となる女性シャマンで稲霊の依りつくヨリマシ、後者は祭儀の進行役であり演出者でもある男性の司祭者とされる[24]。縄文時代の遺物・遺構には、シャマンの存在を示す明らかな痕跡は見当らないので、シャマンという役割は水田稲作にともなう農耕祭儀とともに、日本列島にもたらされたと考えることが妥当であろう。一般的にシャマニズムとアニミズムは一体のものであり、アニミズム的信仰のあるところにはシャマンが存在するかのように言われるが、縄文時代にはアニミズム的信仰の存在は見出せなかったので、この観点からもシャマンの存在を想定することは難しい。

　農耕祭儀の本質は、豊作を祈り、豊作を妨げる災害の鎮圧を祈ることにある。水田稲作が列島各地に伝播する時期は、技術・経験の蓄積がなく道具も未発達で収穫が不安定なため、稲の生育中に日照り、長雨、冷害、台風、大水、病虫害などで稔りが妨げられないように豊作を祈ることが最も重要な祭りであった。田植えの時期や稲の生育中に豊作を祈るときには、天候を中心とした自然現象の発生を予測（予知）して災害に対する注意喚起（予言）を行うことが欠かせない。シャマンは儀式において、予知・予言を行って豊作を祈る重要な役割を担っていたと考えられる。

　シャマンは神霊と直接交流して予言、宣託、祭儀、治病などの役割を

Ⅲ．弥生人の精神世界

果たす存在であり、東アジア・東南アジアには自己の身体に神霊を招いて直接交流する憑依型のシャーマンが多いとされる[26]。弥生時代の初期に農耕祭儀とともに神霊と交流するシャーマンという役割が日本列島に到来したとすれば、在来の人々はシャーマンが神霊と交流するとの思いを受容できたのであろうか。縄文人は霊魂を認識していなかったし、神のような観念的存在を認識しうる前段階にあったと考えられるので、シャーマンが神霊と交流するとの思いは理解できなかったであろう。

　それでは列島の在来の人々は、どのようにシャーマンを受け入れ、羽飾りを身につけた画を描いたのであろうか。在来の人々は、水田に深くかかわる動物である鳥が持つ、人間にはないすぐれた能力に着目したと考えられる。鳥は上空に舞い上がって遠くを見渡し、素早く獲物や目的の場所まで飛んでいくことができる。シャーマンと司祭者は羽飾りを身につけることにより、鳥が持つこの空間的な行動能力を纏って、祭りの場で稔りの時期までを見通す時間的能力を発揮して予知・予言の儀式を行うのである。この鳥の持つ能力を「遠望の能力」と表現する。在来の人々にとっては、鳥は穀霊・稲霊の象徴ではなく、遠望の能力の象徴として理解されたと考えられる。

　当時の朝鮮半島の農耕祭儀でシャーマンが鳥装で予知・予言を行っていたかどうかは不明だが、仮に朝鮮半島から稲霊を象徴する鳥の羽飾りを纏ったシャーマンがもたらされた場合には、列島の在来の人々は稲霊の観念を理解できずに、水田にかかわりの深い動物である鳥の「遠望の能力」を纏って予知・予言を行う姿と理解して受容したのであろう。渡来時のシャーマンが稲霊と交流して予知・予言を行うが鳥装の姿ではなかったとすれば、在来の人々は稲霊の観念を理解できなかったので、水田にかかわりの深い動物である鳥の遠望の能力を纏って予知・予言を行う姿を作り上げたと考えられる。

　鳥形木製品もルーツは朝鮮半島にあるのであろうが、弥生時代の日本

においては、村落の入り口に棒に据え付けた鳥形木製品を見張りのように立てて、外部から災いが侵入することを防ぐために使われたものであり、やはり鳥の遠望の能力を利用した習俗であったと考えることができる。

　頭に羽飾りをつける船の漕ぎ手や、頭に羽飾りをつけて盾と戈を持つ人物は、この文脈においてはどのように解釈できるのであろうか。頭に羽飾りをつける船の漕ぎ手は、遠望の能力を象徴する鳥の羽をつけて海を渡る姿となり、はるばる朝鮮半島から移住者が北部九州を目指して海を渡ってきた姿に重なると思われる。頭に羽飾りをつけて武器を持つ人物は、遠望の能力を纏った人物と、自然を切り開き水田を開発する人物を組み合わせることにより、列島に渡来した移住者により水田開発が始められたという歴史を表しているのであろう。鳥の羽飾りには、遠望の能力の象徴に加えて、渡海して水田稲作を開始した移住者の「勇気と先見の明」を称える意味合いが込められていると見られる。

③水と井戸の祭り

　土器や銅鐸の絵画には描かれていないが、水を崇める農耕の祭りが行われていたことが、いくつかの遺構から推測される。

　弥生時代中期の大型環濠集落の遺跡である大阪の池上曽根遺跡の中心地区からは、大型掘立柱建物跡の正面に、クスノキの巨木をくりぬいた井戸枠を据えた井戸が発掘されており、この井戸の湧水が神聖視され、この水をくみ上げて祭りを行ったことが想定されている。後期の岡山の下市瀬遺跡からは、泉に手を加えて井戸としたところに祭壇状の構造物が組まれた遺構があり、近くから小銅鐸が出土している。銅鐸を鳴らしながら井戸のまわりで水を崇める祭りが行われたと推測される。

　水田稲作を生業の中心におく弥生時代には、生活と生産にとって不可欠な清浄な水を獲得することと河川や水路の制御に多大な知恵と労力

Ⅲ．弥生人の精神世界

を費やした。豊穣をもたらす水を崇め、祖先の治水の労を称える祭りが、集団的な農耕祭儀において行われたと考えられる。この水を崇める祭りは、やがてヤマト王権による倭国統治が進む古墳時代に入ると、首長（豪族）が井泉や井水に地域支配の象徴的な意味を付与した祭りを執り行う形に受け継がれる[27]。

（２）**再生観念の衰退**

　縄文時代の環状集落では中央部に集団墓を造営した例が多く、集団墓において祖先を中心にした祭儀を行っていたと思われるが、弥生時代の環濠集落では居住域と墓域が分離して環濠の外側に方形周溝墓が位置するようになり、祖先を強く意識した縄文的な集落とは異なる空間構成となる。墓域が居住域から離れた特定の場所に位置づけられるのは、生者と死者の世界の区分が強く意識された結果とも、墓域を集団一般から隔離する目的とも考えられる。縄文時代後期に祖先祭祀の場として発達した環状列石などの大規模な配石遺構は、弥生時代には継続しない[20]。

　方形周溝墓は環濠集落の外側に位置し、埋葬域を墳丘と周溝で明確に区画している。弥生時代中期の近畿地方の方形周溝墓から出土する土器や木製品を調べると、死者を埋葬する前に飲食物をともなう儀礼が行われ、埋葬時に土器を破損し、使用した祭具や道具を墓に置き去るという儀礼が行われたことが推測される。土器の破損は、参列者が儀礼の終了を視覚的に確認するとともに、生者と死者を区別する象徴的な役割を果たしたと考えられ、葬儀の終了を示す儀礼が生者と死者を空間的に区分する形をとっている[28]。

　東日本の縄文時代晩期終末から弥生時代の初頭にかけて、一次葬の遺体を解体し選骨して、主に大型の壺型土器に納めて埋納する葬法（壺棺再葬墓）が発達するが、方形周溝墓の広がりと歩調を合わせるように、弥生時代中期には一部の地域を除いて再葬制が姿を消していく[29]。この

再葬制の衰退は、縄文的な再生観念が放棄され、稲作農耕文化に整合した豊穣祈願祭儀へと、祭儀の体系が改変されたものと見ることができる[20]。また方形周溝墓には祖先祭祀の意識はさほど明確ではなくなる[22]。

　以上のような事例から、つぎの変化を読み取ることができる。縄文人が環状集落の中央部に集団墓を造営することは、死者・祖先を生活の中心に置き、死者・祖先との関係を緊密に維持して再生を願う意図の表れであり、弥生人が環濠集落の外側に方形周溝墓を配置して、埋葬とともに死者を生者から隔離する儀礼を行うことは、生者と死者の関係を分断しようとする意図の表れと見られる。縄文人は「死者・祖先が子孫として再生し、家族・集団を維持存続させる」という信念を基本として葬制・墓制と祖先祭祀を発展させたが、弥生人は「人間（生者）が農耕により自然を超克して豊穣をもたらし、家族・集団を維持発展させる」という基本的世界観の上に豊作祈願の農耕祭儀を形成するようになり、縄文人の基本的信念は弥生時代には衰退する。生者の努力を称える意識の確立、死者の再生による家族・集団の維持存続という信念の衰退は、死者は再生するという信念そのものが衰退することを意味し、埋葬により生者と死者を分断する葬制・墓制が生じたことは、「死者は再生しない」という確信が生じたことを示している。

　弥生時代の初期に朝鮮半島から水田稲作の技術を携えて北部九州に移住してきた人々は、死者は再生しないという確信をすでに持っていた可能性があるが、水田稲作の技術はすぐに在来の人々に伝播していく一方で、死者は再生しないという確信、すなわち縄文時代の基本的信念とは異質な意識・認識は、簡単には在来の人々に広まることはなかったと思われる。やがて農耕社会が日本列島の広範囲に定着する弥生時代中期には、人間（生者）が農耕により自然を超克して豊穣をもたらし、家族・集団を維持発展させるという世界観とともに、死者は再生しないという確信が広く明確化してきた。

Ⅲ. 弥生人の精神世界

　死者は再生しないという確信は、二つの意識につながると考えられる。一つは、死を恐ろしいもの・忌避すべきもの・穢れたものとする意識であり、もう一つは、他界と霊魂の観念の明確化である。方形周溝墓の形態や葬送儀礼に見られる生者と死者を分断する意図は、死を恐ろしいもの・忌避すべきものとする意識の表れと言える。卑弥呼の時代の倭国の様子を記した「魏志倭人伝」(『三国志』東夷伝倭人の条)には、葬儀の習俗について「(死者の)埋葬が終わると一家をあげて水中に詣り体を洗い、練沐(ねりぎぬをきて水浴する)のようにする」と書かれており、弥生時代後期には死の穢れを払う禊(みそぎ)の儀礼が行われていたことが読み取れる。しかし、他界と霊魂の観念が弥生時代中期以降のいつごろ明確化したのかを推測しうる痕跡は、考古史料にも文字史料にも見当らない。

　死者・祖先が子孫として再生するという信念が衰退し、死者は再生しないという確信が優位になると、まず死を恐ろしいものと強く感じるようになり、それが死を忌避する思いとなり、したがって死を穢れたものとして遠ざけるようになり、その後次第に、死者が永遠に留まる世界と形、すなわち他界と霊魂を考えるようになるのであろうか。あるいは表面的には死者は再生しないという確信が優位になっても、死者が子孫として再生するという思いは人々の心の奥底で生き続けており、他界と霊魂を明確に認識するまでには長い時間を要するということなのであろうか。

(3) 社会構造の変革と農耕祭儀の変化
①社会構造の大変革

　弥生時代の初期に北部九州で本格的に始まった水田稲作は、田圃の開墾、灌漑水路の設置や畔の造成、田植えから刈り取りまで集約的な労働投下を必要とするため、人々は環濠集落に集住して共同で農作業を行う

ようになり、労働を組織的に行うためのリーダー（協業の指導者）が生まれる。水田開発の広がりに合わせて一部の環濠集落は次第に巨大化し、巨大環濠集落を中心に周囲の中小環濠集落がまとまって、一定地域に政治的・経済的なまとまりが形成される。『漢書』地理志に「楽浪海中に倭人あり、分かれて百余国をなす。歳時を以て来たり献見すという。」と書かれている「国」が、この巨大環濠集落を中心とした政治的・経済的なまとまりと考えられ、一部の国は漢王朝に朝貢していたことが分かる。やがて小さな国々の分立から、複数の国々がまとまって北部九州、瀬戸内、出雲、畿内、関東などの大きな地域的ブロックが形成されるようになる[30]。

弥生時代中期の北部九州では、特定個人墓に青銅器の集中副葬が始まる。各種武器形青銅器が威信財（指導者・権力者の権威を示す宝器的財物）として指導者の墓に副葬される形が各地に広まるとともに、次第に武器形青銅器と銅鐸が祭器として巨大化して、各地域ブロックの領域に重なるように異なる青銅祭器が分布するようになる。この青銅祭器は、各地域ブロックの地域的紐帯（ちゅうたい）を象徴する祭器として用いられ、おそらく各地域の農耕祭儀において、地域的紐帯の象徴として展示されたものと推測される[1]。

やがて巨大環濠集落で力を蓄えた指導者は権力を持った首長となり、環濠集落を出て濠や柵で囲まれた防衛施設を持つ首長居館を構え、一部の首長の墓は従来の共同墓地から離れて丘陵の高みに築かれるようになり[30]、女王卑弥呼が君臨する統一的倭国が形成される。弥生時代の初期に本格的に始まった水田稲作により、日本列島は狩猟・採集社会から農耕社会に転換していくとともに、やがて小さな国々の誕生と権力を持った首長の登場から統一的倭国の形成にいたる社会構造の大変革が生じた。

Ⅲ．弥生人の精神世界

②首長が司祭する農耕祭儀

　この社会構造の大変革とともに、農耕祭儀も変化していくはずだが、もともと農耕祭儀の具体的な姿が不明であるため、その変化の過程を見定めることも難しい。首長が登場し環濠集落から独立して首長居館を構えるようになると、環濠集落は解体して一般農民は分散居住するようになる。環濠集落では中央広場で豊作を祈る集団的農耕祭儀が行われていたと思われるが、首長が登場して環濠集落が解体すると、首長の司祭により集落近くの水辺や湧水地で水を崇め豊作を祈る祭りに移行し、やがて首長居館の内外に専用の水源や水路を設けて豊作を祈る祭りが始められたと推測される。首長が支配地域の集団的な農耕祭儀を司祭することにより、首長による司祭の権限がその地域の支配権を象徴するようになる。

　農耕祭儀が環濠集落での祭儀から首長の司祭による祭儀に移行すると、祭儀の祈りの対象にも変化が生じると考えられる。環濠集落の中央広場で行われていた農耕祭儀においては、水と祖先の水田開発の歴史を崇めながら豊作を祈り、豊作を妨げる災害の鎮圧を祈っていたであろう。首長が登場して農耕祭儀を司祭するようになると、崇める対象として首長の治水の努力や水利の権限の示威が前面に現れるようになると推測される。そして首長の司祭のもとで豊作を祈願することは、首長の地域支配のもとで地域全体の安寧と繁栄を祈ることであるという思いが人々の心の中で次第に明確になっていく。

③倭国の国家祭祀

　弥生時代後期後半には倭国大乱の後に女王卑弥呼が共立され、統一的倭国が形成される。「魏志倭人伝」は卑弥呼を「鬼道につかえ、よく衆をまどわせる。年は長大だが、夫婿はなく、男弟がおり、補佐して国を治めている。」と記しているので、卑弥呼はシャマン的な女性で、優れ

た呪術能力を持ち、呪術的な国家祭祀を行ったと推測されている。

　最近、ヒノキの年輪に含まれるセルロースの酸素同位体比から過去2000年間の中部日本の降水量を推定する研究結果がまとまり、数十年にわたり異常な大雨・洪水と大旱魃が繰り返される降水量の大変動期が、約400年の周期で発生することが判明した[31]。倭国大乱の時期は、この降水量の大変動期の後半に旱魃が継続した時期にあたるので、大乱の大きな背景は、異常な大雨や旱魃による飢饉が断続的に続いて、社会が疲弊混乱したためと推測される。

　当時は水田稲作が定着していたので、大雨や旱魃の繰り返しはすぐに不作・凶作から飢饉につながる。そのため、大乱の後に男王ではなく、シャーマン的な呪術能力の高い卑弥呼が女王に共立されることもごく自然な成り行きと考えられる。不作・凶作による飢饉が続いた時期に、おそらく卑弥呼が行う豊作祈願の予知・予言は見事に的中して人々の評判を呼び、大乱を治めようとする勢力によって偉大な予言者に祭り上げられたのであろう。断続的な飢饉と大乱の後に、統一的倭国の王として各地有力首長が共立しやすい者は、優れた予知・予言能力を持つ卑弥呼であった。

　卑弥呼が女王として豊作を祈る祭祀は、当然ながら倭国全体の豊作を祈る祭祀であり、各地の首長が行う地域の豊作祈願の農耕祭儀の上に、倭国全体の豊作と安寧・繁栄を祈る祭祀が、統一的倭国の国家祭祀として開始されたであろう。

　卑弥呼が女王に共立された後は、倭国の天候は異常変動期を脱して長期的には安定に向かうので、卑弥呼が優れた予知・予言能力を発揮する必要性は次第に低下し、卑弥呼政権は女王の権威を示す新たな祭祀を求めるようになる。卑弥呼は、魏王朝が朝鮮半島に勢力を張っていた公孫氏を倒した直後に朝貢し、親魏倭王の称号と金印紫綬を授けられ、銅鏡100枚をはじめ多くの下賜品を与えられた。このとき魏の皇帝は詔書

Ⅲ．弥生人の精神世界

で、「（下賜品を）ことごとく国中の人に示し、魏の国があなたをいとしく思っていることを知らせよ」と指示した。卑弥呼は、倭国の安寧と繁栄を祈る国家祭祀において、魏王朝の権威を後ろ盾とする自らの権威を誇示し、魏王朝の権威を纏った銅鏡を各地の有力首長に配布したと考えられる。

　卑弥呼は新たに銅鏡を使用した祭祀を始めるが、卑弥呼の権威の根源である豊作祈願祭祀が取り止めになることはありえないので、豊作祈願祭祀の中に銅鏡を使用する儀礼を組み込んだか、豊作祈願祭祀とは別に銅鏡を使用する儀礼を行ったと見られ、豊作祈願祭祀は確実に継続されたと思われる。

　この時代に中国からもたらされた銅鏡の文様の多くは神仙思想を表すと言われており、卑弥呼は神仙思想を利用して祭祀を行ったという見方がある。しかし、卑弥呼にとっては銅鏡が魏の皇帝からの下賜品であることに重要な意味があるのであって、その文様が表す思想性を重視したとは考えにくい。また3世紀中頃の遺跡といわれる纒向(まきむく)遺跡の大型建物跡のかたわらの祭祀土壙から、多数のモモの種が発掘された。モモの実は古代中国では不老長寿の食べ物であり、遺跡で行われた祭祀と神仙思想との関連が推測されているが、不老長寿の力を持つとされるモモの実を利用することが、ただちに神仙思想の導入・利用を示すとはいいがたい。後述するように神仙思想は多くの人格神を信仰の対象とする思想であり、農耕祭儀が中心で霊魂の認識もなかったと思われる弥生時代においては、神仙思想の内容が理解されて倭国の国家祭祀に利用されることはなかったと見るべきであろう。

④シャマンの役割の変化

　かつて環濠集落の中心広場で行われていた集団的農耕祭儀においては、男性の司祭者のもとで女性シャマンが豊作について予知・予言する

儀式を執り行い、それは農耕祭儀の中で極めて重要な儀式であったと思われるが、首長が登場して農耕祭儀を司祭するようになり、首長の治水の努力や水利の権限の示威が祭儀の前面に出てくるようになると、女性シャマンによる豊作の予知・予言の儀式にも変化が生じたと考えられる。また降水量の大変動期到来と飢饉や倭国大乱の発生、その後卑弥呼によって倭国の豊作を祈る国家祭祀が開始されたことなども、各地の女性シャマンによる豊作の予知・予言の儀式に少なからぬ影響を及ぼしたであろう。

　おそらく各地の農耕祭儀においては、女性シャマンによる豊作の予知・予言の儀式の重要性が次第に失われ、儀式の内容も変化したと思われるが、その変化の具体的な姿は不明である。「魏志倭人伝」には、倭国において卜骨(ぼっこつ)により吉凶の占いが行われていることは記されているが、シャマンにより予知・予言が行われていることを示す記述は見当らない。中国に渡海するときに航行の安全を図るために船に乗せる「持衰(じさい)」という男の役目が記されているが、予知・予言を行うシャマンとは明らかに異なる役割と考えられる。

（4）弥生人の精神世界

　弥生人の精神世界の形成や変化に大きな影響を与えた事象は、ⅰ）水田稲作の伝来・伝播とともに、農耕祭儀という新たな祈りの形が登場し定着したこと、ⅱ）農耕社会の定着にともない新たな世界観が形成されたこと、ⅲ）弥生時代後期に首長の登場による地域支配と統一的倭国の形成という社会構造の大変革が生じたこと、の3点と考えられる。ⅰ）とⅱ）は縄文時代とは全く異なる新たな信仰的対象と精神世界を形成し、ⅲ）は次の時代に向けて新たな信仰的対象が形成される端緒となった。

Ⅲ．弥生人の精神世界

①素朴な農耕祭儀

　水田稲作の広がりとともに農耕社会が日本列島の広範囲に定着すると、農耕祭儀が弥生人の生活における中心的な祭儀となった。農耕祭儀の本質は豊作祈願、すなわち豊作を祈り、豊作を妨げる災害の鎮圧を祈ることにある。

　前述した弥生時代中期の４点の銅鐸絵画を見るかぎりでは、豊作を祈る対象として穀霊・稲霊を読み取ることはできないが、井泉の祭りの痕跡や、土器に描かれた盾と戈を持つ人物の図柄の存在などから、稔りをもたらす水、水田を開発した祖先の努力の歴史は、農耕祭儀において確かに崇め称えられ、鎮圧を祈る対象である自然災害・自然現象とともに、農耕祭儀の祈りの対象であったと考えられる。崇め称える対象である水と祖先の水田開発の努力の歴史は、稲の稔りをもたらすもととなる現実的・具体的な事柄であり、鎮圧を祈る災害や自然現象も、そのときどきの祭儀において、過去に経験した具体的な災害や自然現象に対する鎮圧の祈りが捧げられたであろう。

　農耕祭儀とともに、縄文時代にはなかったシャマンといわれる役割が伝来する。シャマンは中国大陸・朝鮮半島ではすでに神霊が憑依する形であったかもしれないが、神や霊魂の観念を持っていなかったと思われる当時の日本人は、鳥が持つ現実的・具体的な能力を利用して予知・予言をする形で受容し、その後日本人に神や霊魂の観念が明確になるとともに、神霊が憑依する形に変容したと考えられる。

　弥生時代の農耕祭儀においては崇め称える対象も鎮圧を祈る対象も現実的・具体的な事柄であり、シャマンは鳥が持つ現実的・具体的な能力を利用して豊作を予知・予言しており、人知を超える威力や霊的な威力を崇めたり頼ったりする形は見られない。弥生時代の農耕祭儀は豊作への願いを素直に表す祭儀であり、祈りの対象は信仰的対象というべきものではあるが、そこには人知を超える威力や霊的威力を示す観念的存在

の姿を見出すことはできない。

②新たな世界観と対比意識

　農耕社会の定着とともに「人間が農耕により自然を超克して豊穣をもたらし、家族・集団を維持発展させる」という新たな基本的世界観が生じた。これにともない、縄文時代の「死者・祖先が子孫として再生し、家族・集団を維持存続させる」という基本的信念と死者・祖先の再生観念は衰退し、「死者は再生しない」という確信に変わる。死者は再生しないという確信は、死を恐ろしいもの・忌避すべきもの・穢れたものとする意識の明確化と、他界と霊魂の観念の明確化につながると考えられる。死を恐ろしいもの・忌避すべきものとする意識は、生者と死者を分断しようとする方形周溝墓の形態や葬送儀礼に、死を穢れたものとする意識は、死者の埋葬後に死の穢れを払う禊の儀礼に、それぞれ見出すことができる。しかし、他界と霊魂の観念が弥生時代において明確化したことを示す痕跡は、考古史料にも文字史料にも見出すことができない。

　農耕社会の定着は、新たな基本的世界観とともに、「水田稲作（開発）」対「自然（未開発）」や「人間の力（開発）」対「自然（未開発）」のように、縄文時代にはなかった対比意識を生じる。当初は人間の力が自然を超克するという意識が強かったが、水田稲作が継続する中で、自然は人間の力で超克されるだけでなく、さまざまな災害を引き起こして豊作を妨げる大きな力として恐れられるようになる。豊作をもたらすもとは、人間の力に加えて川の水や湧水であり、その水はときに豊作を妨げる大水や土砂崩れ・土石流となって水田や集落を破壊し人命を奪う。日差しがなければ稲は育たないが、日照りが続けば豊作を妨げる。大風も冷害も病虫害も豊作を妨げる。自然の力は穏やかであれば豊作を呼び、牙をむけば豊作を妨げる恐るべき存在であると認識されるようになる。水田稲作を中心とした農耕が食料獲得の基本になると、稲の不作や凶作

Ⅲ．弥生人の精神世界

は即座に人々の生存を脅かすようになり、豊作を妨げる自然災害や自然現象を恐れる意識が明確になる。

　弥生時代中期に農耕社会が定着して自然を超克する人間の力が認識されてから、自然が豊作を妨げる威力として恐れられるようになる最初の重大な契機は、卑弥呼登場直前の降水量の大変動期であったかもしれない。そこで数十年にわたり、超克したはずの自然から手ひどい仕打ちを受けて、自然の力は恐ろしいという思いを強いられる。その後、天候が長期的な安定期に入ってから水田開発が山裾や山間部に広がると、新たな開発地域では水害・土砂災害が断続的に発生するようになり、やはり豊作を妨げる自然の猛威を絶えず認識せざるをえなくなる。こうして弥生時代後期後半から、豊作を妨げる自然の恐ろしい力という意識が明確化するとともに、開発された土地（田畑と住居地）と未開発の山を対比させる意識が明確化する。

③豊作祈願と領域の安寧・繁栄

　弥生時代後期に入り各地で首長による土地支配が成立すると、首長が主な農耕祭儀を司祭するようになり、農耕祭儀の司祭権がその地域の支配権を象徴するようになる。首長の司祭による農耕祭儀が継続していくと、豊作を祈り豊作を妨げる災害の鎮圧を祈ることは、首長の支配の下で地域全体の安寧と繁栄を祈ることであるという思いが明確化する。さらに、豊作祈願は地域全体の安寧と繁栄への祈りであるという思いが蓄積していくと、首長の安定した支配が豊作と地域の安寧・繁栄をもたらすという意識の上に、人々は祈りの彼方に「地域の安寧と繁栄を守ってくれる力」を思い描くようになる。これを、祈りの対象となる観念的存在という意味を込めて、「地域の安寧と繁栄を守護する存在」と表現する。それは首長の地域支配の歴史が農耕祭儀を包み込んで形成される観念であり、豊作祈願の祈りの中で意識された地域の安寧と繁栄への願い

が、人々の祈りの蓄積によって結晶のように析出した観念、あるいは首長が自らの地域支配の歴史に対して抱く自負や誇りと、人々が首長の地域支配の歴史に対して寄せる敬意や信頼とが一体となり、豊作祈願の祈りの先に醸成される観念といい表すことができる。

地域の安寧と繁栄を守護する存在は、弥生時代の後期ごろから古墳時代にかけて、首長の地域支配のもとで豊作祈願の祈りが継続される中で次第に醸成され、古墳時代に入って確立されると考えられる。

古代日本の神は祟(たた)りが重要な属性であり、神は常に地域を守護する神であるとともに、祟る神としての性格との両面を持っていたとされるが[32]、それは豊作祈願の農耕祭儀において、崇(あが)め称えるものと畏れて鎮圧を祈るものの両方が同時に祈りの対象となっていた姿が、地域の安寧と繁栄を守護する存在に対する祈りを経由して、古代神社祭祀の土台を形作っていったことを示している。宣長が説く「良いことでも悪いことでも異常に大きな威力を感じさせるもの」という神々のイメージも、古代神社祭祀の土台となった豊作祈願の祈りの対象に、崇めるものと畏れるものの両面があったことに由来する。

④領域と境界

水田開発により、地理的な「領域」と「境界」という概念が明確化した。縄文時代にも、環状集落と周囲の一定の広がりをその集落の領域と見る意識はある程度生じていた可能性はあるが、どこまでが領域といえるのかは曖昧であり、境界の意識は不明確であったと思われる。弥生時代になると、環濠集落と周囲の水田の広がりはその集落の生活を維持する占有領域として、他の集落の占有領域との境界が明確に意識されるとともに、やがて開発された土地と未開発の山を分ける境界も強く意識されるようになる。人間の手が及ばない、自然が支配する世界である未開発の山は、開発された土地とは領域を異にし、その恐ろしさが強調され

Ⅲ．弥生人の精神世界

た「異界」の概念を生じ、異界は後代になると魑魅魍魎(ちみもうりょう)や魔物の住む怪しい世界として定着する。

　首長の登場により地域的な土地支配の構造が確立すると、政治的な「支配領域」の概念が明確化する。その概念の上に、農耕祭儀が首長の支配の下で地域の安寧と繁栄を祈る意味合いとなり、地域の安寧と繁栄を守護する存在が醸成されていく。さらに地域的な支配領域の概念は、統一的倭国の形成とともに倭国という国家の統治領域の概念を明確化し、倭国の豊作と安寧・繁栄を祈願する国家祭祀が行われるようになる。

⑤アニミズム的信仰や自然信仰

　弥生時代の最も重要な祭儀は豊作祈願の農耕祭儀であり、その祈りの対象は弥生時代の中心的な信仰的対象といえるものである。その崇め称えるものと畏れて鎮圧を祈るものの両方を同時に祈りの対象とする姿は、宣長の唱える神々のイメージの土台となるが、弥生時代において霊魂の観念が明確化したことを示す痕跡はなく、自然界のさまざまなものに生命力が宿るという認識が広まっていたことを示す痕跡もない。弥生時代の信仰的対象は、多くのものに霊魂や生命力が宿るとするアニミズム的信仰とはかけ離れたものに見える。

　原始・古代の日本人の信仰的対象や神々の形成や展開を追うために、手掛かりとしてアニミズム的信仰を設定したが、縄文時代から弥生時代までの日本人の精神世界に、アニミズム的信仰を見出すことはできない。

　弥生時代の後期は、自然の力を「豊作を妨げる恐ろしい力」と見なす意識が明確化するが、この段階で意識される自然の威力は、あくまでも豊作を妨げる具体的な自然現象の威力である。豊作の妨げに直接かかわらない海・山・木・岩・滝などのさまざまな自然物・自然現象についても、人間の力を超える威力を明確に感じていたか否かは不明であり、広く自然物・自然現象に人知を超える威力を示す観念的存在を感じ取って

いたことを示す痕跡もない。この段階では霊魂に対する認識も生じていないと考えられるので、さまざまな自然物・自然現象の神秘的・霊的な威力を崇拝する意味での自然信仰が形を成していたとはいいがたい。

　神道の基をなす神祇信仰を古来の日本固有の信仰と呼び、また仏教到来以前の日本人の信仰を基層信仰と称することがあり、それらの信仰をアニミズム的なもの、あるいは自然崇拝的なものとし、ときには縄文時代に淵源を求めるような見解が見受けられる。縄文人は、死者・祖先が子孫として再生し、家族・集団を維持・存続させるという基本的信念の下に、生殖・出産・再生能力に信仰的といいうる最大の関心・執着を示して生活していた。彼らは、自らの力（人間の力）と自然界の力を対比して認識できていないとともに、霊魂の存在も認識していなかった。弥生時代になると、水田稲作の定着とともに農耕祭儀が中心的な祭儀となり、人間が農耕により自然を超克して豊穣をもたらし、家族・集団を維持発展させるという新たな世界観が明確化する。この経過を踏まえるならば、固有信仰や基層信仰といえるものは、農耕祭儀の祈りとそれを首長の地域支配の歴史が包み込んで形成される地域の安寧と繁栄を守護する存在に対する祈り以外には見当らない。それらの祈りはアニミズム的信仰とは無縁であり、海・山・木・岩・滝などのさまざまな自然物・自然現象の神秘的・霊的な威力を崇拝する意味での自然信仰でもなく、縄文時代に淵源が求められるものでもない。

Ⅳ. 古墳時代の祭祀と神々

　統一的倭国の女王となった卑弥呼と壱与(いょ)の後に、巨大な前方後円墳が造営される古墳時代が始まり、ヤマト王権が各地の首長を服属させながら倭国の統治、すなわち王権強化と国家体制の構築・整備を進める。その過程で朝鮮半島に積極的な進出を行うとともに、半島から技術者・技能者集団を国内に招来して経済・技術開発を進め、さらに学者や僧を招聘して中国思想・仏教思想・実学の輸入・学習を進める。古墳時代は祭祀の対象を神と呼べる時代になるが、その変化を、領域支配の確立・倭国統治の進展と、中国・朝鮮半島から伝来する思想・信仰という観点から眺めてみる。

（１）祭祀の体系化と多様化
　ヤマト王権は、王権強化と国家体制の構築・整備のために、その当初から倭国の祭祀全体について体系化を進めるとともに、新たな祭祀を開始して祭祀の多様化が進む。５世紀代までの体系化と多様化の進展状況を概観する。

①祭祀の体系化
　「魏志倭人伝」は、大乱の後に女王となった卑弥呼の死後に、王権継承を巡って再び大混乱が生じ、卑弥呼の宗女壱与が女王となってようやく治まったと記している。卑弥呼は優れた予言者としての資質を持ち、倭国の豊作と安寧・繁栄を祈る国家祭祀や、魏王朝の権威を纏った銅鏡を用いる祭祀を行ったが、それらの資質や祭祀自体には王権の継承を保証する力はないために、彼女の死後に王権継承で混乱を生じることとなった。倭国を統治する上で、いかに王権の平和的継承と統一維持を図

るかが最重要の課題であった。

　古墳時代の幕開けを告げる倭国王の巨大な箸墓古墳(はしはか)は、各地の墳丘形態、埋葬施設、副葬品の要素を取り込んで、見るものに全国的統一の象徴であることを示すとともに、その巨大さをとおして強大な権力基盤を誇示する舞台装置である。すなわち王権による統治秩序、王権の権威と正統性、権力の強大さを誇示して、平和的に倭国統一を維持するための象徴的モニュメントである[1]。

　これ以降、定型的な墳丘形態、埋葬施設、副葬品を備え、箸墓古墳と類似形で縮小された規模の前方後円墳が各地の首長層に広まるとともに、首長層の墳墓が前方後円墳、前方後方墳、円墳、方墳にほぼ統一され、中央の巨大前方後円墳を最上位とする墳形と規模の序列が形成される[33]。これは、ヤマト王権が首長層における葬送祭祀を、王権と各地首長権の序列的階層化に従って体系化したことを示す。

　ヤマト王権が倭国統治を進める過程で、王権は各地の首長に剣などの武器を賜与し、首長は所有する重要な宝器を王権に供出するという服属の儀式を行った。これは首長が王権に服属の意を示し、王権が首長の地域祭祀の司祭権を承認することにより、その地域支配権を承認する儀式であったとされる[34]。『日本書紀』の天武紀三年に「天皇は皇子を石神神宮に遣わして膏油で神宝を磨かせた。その日に神宮にある諸々の家の宝物を子孫たちに還せと命じた。」との記述があるのは、かつて服属の儀式で各地の首長から供出された宝器を、天武天皇の時代に首長の子孫たちに返還したことを示している。

　ヤマト王権の初期に武器・宝器を交換する服属儀礼が行われたことは、王権が各地の首長権を支配下に組み込む統治秩序が確立したことを意味する。卑弥呼・壱与は有力首長により女王に共立されたが、ヤマト王権は武器・宝器の交換儀礼を通して各地首長を支配服属関係の下に従えた。この支配服属関係の成立によって、王権が行う祭祀が上位に、各

地首長が行う祭祀が下位に位置づけられ、倭国の祭祀全般が序列的階層化により体系化されることとなる。

②祭祀の多様化

4世紀後半には、古墳の葬祭でそれまでの壺形・円筒形の埴輪に家・衣笠・盾・甲冑（かっちゅう）などの器材埴輪が加わり、宗像（むなかた）沖ノ島祭祀遺跡や奈良三輪山麓の祭祀遺跡など、後の神社祭祀に直接連続する祭祀遺跡・遺構が確認できるようになる。5世紀代には、列島各地で鏡形・剣形・勾玉（まがたま）の石製模造品を使用する祭祀遺跡が営まれるようになり、磐座（いわくら）の周辺や神奈備山（かんなび）（円錐形の秀麗な山容の山）の麓以外に、川や溝の周辺、泉や水田の水口といった水辺、集落や豪族の居館内、交通上の難所である峠や海辺などで一斉に祭りの跡が確認できるようになる[35]。

4世紀後半に始まる古墳葬祭における埴輪の変化は、ヤマト王権の古墳葬祭に現れた変化が各地首長の古墳葬祭に及ぶこと、沖ノ島祭祀遺跡は王権が新たな国家祭祀を開始したこと、三輪山麓祭祀遺跡は王権が三輪山麓の直轄地で自ら大規模な農耕祭儀を開始したことを示すと思われる。

ⅰ）沖ノ島祭祀遺跡

のちの神社祭祀に直接つながる沖ノ島祭祀遺跡は、4世紀後半ごろに巨岩の上で行われた岩上祭祀に始まる。当時としては貴重な銅鏡や鉄製武具・工具類など、当時の大和周辺の古墳の副葬品と共通した祭器が出土していることは、この祭祀がヤマト王権により開始されたことを物語っている。5世紀後半から6世紀には、祭祀は巨岩上を離れて岩陰に移動し、朝鮮半島との関係が推定できる豪華な馬具類、金製の指輪などの装身具、飾り太刀や剣などが祭器に加わり、豪華な馬具や装身具を使い、美しい武器・武具で守られる人格的な神のイメージが形成されてい

たと考えられる[35]。

　4世紀後半の朝鮮半島は、高句麗・新羅・百済の三国が対立・抗争を繰り広げる時代となり、百済は北の高句麗の圧力に対抗するため連携勢力を南に求め、伽耶(かや)の南部諸国や倭国との連携強化を図る[36]。ヤマト王権は鉄資源をはじめとする先進財物の獲得地であった半島南部の権益を確保し、王権の権威を高めるために、百済の求めに応じて連携する形で、半島に積極的に進出するようになる。前方後円墳の築造と葬送祭祀が始まってから約1世紀の間に、王権は列島内の各地首長を服属させて領土平定をほぼ完了し、つぎに朝鮮半島の三国対立情勢の契機をとらえて、半島へ領土を拡大する戦略に舵を切ったといえよう。この朝鮮半島戦略は、強大な中国王朝を中心とした東アジアの中で倭国の独立を維持しながら、国の総力を結集して遂行すべき戦略であり、その後の戦略継続のもとでさらなる王権強化と国家体制の構築・整備が強力に推進されることとなった。

　「高句麗広開土王碑文」には、ヤマト王権が4世紀末から5世紀初頭にかけて半島の奥深くまで大規模な軍事進出を行ったことが記されている。『宋書』倭国伝には5世紀後半中葉に倭王「武」が宋の皇帝に当てた上表文の文面が記載されており、そこで「武」は自らの祖先が半島に渡って「九十五国」を平定した経緯を述べて、半島南部の軍事支配権を持つ「安東大将軍」への叙任を求めている。

　この朝鮮半島進出戦略の推進と同時期に、倭国と半島を結ぶ交易路も大きく変化する。4世紀後半のヤマト王権は畿内地域と半島の伽耶地域を直接結ぶ新たな交易路を開発し、宗像の勢力に代表される新たな交易路の管掌者が登場するとともに、従来の九州の博多湾と半島を結ぶ交易路は衰退する[36]。沖ノ島は畿内から瀬戸内海・関門海峡を経て対馬を目指して玄界灘を進むときに、丁度灯台のような目印となる位置にある。畿内と朝鮮半島を結ぶ直接交易路の開発とともに、王権は沖ノ島におい

Ⅳ．古墳時代の祭祀と神々

て半島との往来の安全や軍事進出の成功を祈る祭祀を大々的に開始したと考えられる。卑弥呼の時代にはなかった、極めて重要な目的を持った新たな国家祭祀が開始されたことになる。

　沖ノ島の平坦地には巨岩が点在しており、祭場に適した見通しのよい平地は見当たらないようなので、自ずと巨岩の岩上で半島方向を見渡しながら祭祀を行うことになったと推測される。現在判明している確実な磐座祭祀の遺跡で最も古いものは、4世紀後半の沖ノ島祭祀遺跡と思われるので、沖ノ島で行われた岩上祭祀が磐座祭祀の始まりであろう。

　4世紀後半に、古墳の葬祭でそれまでの壺形・円筒形の埴輪に家・衣笠・盾・甲冑などの器材埴輪が加わるようになるのは、ヤマト王権が朝鮮半島に軍事進出を開始したことにより、軍を率いて半島に渡った王族や群臣たちの古墳葬祭において、その武功を称えるために盾・甲冑などの器材埴輪が使用されるようになったためであろう。

ⅱ）三輪山麓祭祀遺跡

　三輪山麓では、沖ノ島遺跡の岩上祭祀段階の銅鏡と類似する銅製小型鏡が出土しており、4世紀代から何らかの祭祀が行われた可能性が高いが、実態は不明である。5世紀になると、須恵器と子持勾玉などを祭器として用いた明確な祭祀の痕跡が確認できるようになる。三輪山中には巨岩が多数存在し、その多くは現在まで神霊を宿す磐座として信仰されている。5世紀から7世紀の代表的な祭祀遺跡は、三輪山から流れ出る小河川に面して立地しており、祭祀の対象となる神が河川や水と密接な関係を持つことを示し、「記・紀」に記されたような三輪山を源とする水の神としての側面が強く認められる[35]。

　5世紀中ごろに出現する子持勾玉は、祭祀遺跡・古墳から出土し、玉のもつ霊力、とくに増殖に関する呪術的な遺物とされるので[37]、子持勾玉は豊作を祈る農耕祭儀に使用されたと推測される。また弥生時代から

水は農耕祭儀の主要な信仰的対象なので、水の神を対象とする祭祀はもともと農耕祭儀であった可能性が高い。三輪山麓祭祀の始まりは、三輪山そのものを崇拝する祭祀というよりも、水を崇め豊作を祈る農耕祭儀として開始されたものであり、ヤマト王権が直轄地である三輪山麓において、自ら大規模な農耕祭儀を開始したものと考えられる。農耕祭儀を開始するにあたって、王権足下の地で神奈備山としての三輪山の山麓が適地と考えられたのであり、当初から三輪山そのものを信仰的対象としたものではないが、その後各地で三輪山麓祭祀に倣う形で神奈備山の山麓で農耕祭儀を行うことが広まったと考えられる。三輪山麓の磐座祭祀遺跡については、沖ノ島の巨岩上で新たな国家祭祀を開始した王権が、自ら大規模な農耕祭儀を行うにあたって、沖ノ島祭祀に倣って三輪山麓の巨岩を利用した磐座祭祀の形式をとったものと思われる。

　ヤマト王権は、巨大な前方後円墳において王権による統治秩序や王権の権威と正統性を示す葬送祭祀を行う一方で、卑弥呼政権以来の倭国の豊作と安寧・繁栄を祈る国家祭祀を当初から毎年宮殿で執行したと思われる。宮殿での豊作祈願祭祀に対して、三輪山麓で新たに王権直轄の農耕祭儀を開始したとすれば、それは何を示すのであろうか、また４世紀後半に沖ノ島で開始された新たな国家祭祀とは、どのような関係にあるのであろうか。王権の国家祭祀は、朝鮮半島戦略と沖ノ島祭祀を開始することにより、豊作祈願により倭国の安寧・繁栄を祈る形から、領土の拡大や保全により倭国の安寧・繁栄を祈る形に重点が移り、豊作祈願祭祀は宮殿での祭祀から主に三輪山麓の王権直轄地の現場で行う祭祀に移行したのではなかろうか。

　ⅲ）各地への広がり
　５世紀代に列島各地で鏡形・剣形・勾玉の石製模造品を使用する祭祀遺跡が営まれるようになるのは、沖ノ島の国家祭祀において始まったと

考えられる磐座祭祀や三輪山麓祭祀において始まった農耕祭儀の形態とともに、そこで奉納された祭具形式が各地の祭祀に広まって、祭祀様式の統一化・均質化が進んだことを示すのであろう。また交通上の難所である峠や海辺などで一斉に祭りの跡が確認できるようになるのは、朝鮮進出のための兵力や軍事物資を各地から調達する際の交通路の確保や兵士の往来・物資輸送の安全確保が重要視され、関係首長が沖ノ島祭祀に倣う形で安全祈願の祭祀を行ったことが発端と考えられる。後世に一般的に祭祀の対象がカミ（神）と呼ばれるようになると、これらの祭祀は「峠の神」や「航海の安全を守る神」に対する祭祀と呼ばれるようになると考えられる。

　王権が開始した沖ノ島祭祀と三輪山麓祭祀は、祭祀形態や奉納祭具の形式を各地の祭祀に広めて祭祀様式の統一化・均質化を促すとともに、沖ノ島祭祀は各地で関連する様々な祭祀を生み出して祭祀の多様化をもたらしたことになる。

（２）地域の安寧と繁栄を守護する存在
①土地神の原形
　弥生時代の後期に各地に首長が登場すると、農耕祭儀を首長の地域支配の歴史が包み込んで、豊作祈願の祈りの対象として「地域の安寧と繁栄を守護する存在」という観念が醸成されていく。ヤマト王権と各地首長の間で行われた武器・宝器を交換する服属儀礼は、王権の行う国家祭祀と各地首長が地域支配権にもとづいて行う祭祀の序列的階層化を明確化するものであった。この時期に各地の首長が毎年継続的に司祭する重要な祭祀は豊作祈願の農耕祭儀であり、この服属儀礼を行うことによって、首長の地域支配下で行われる豊作祈願の祈りは地域の安寧と繁栄を守護する存在に対する祈りであることが、各地域内部で認識されるだけでなく、王権からも承認されることになる。それぞれの首長の支配の歴

史を反映した地域の安寧と繁栄を守護する存在が各地に祈りの対象として確立され、地域の安寧と繁栄を守護する存在に対して地域の豊作と安寧・繁栄を祈願するという形が定着して、倭国独自の伝統的祭祀の土台を形作る。

　地域の安寧と繁栄を守護する存在は、地域の人々を守る偉大な力を持つ観念的存在であり、日本人の祭儀・信仰の歴史において初めて登場した神と呼ぶにふさわしい祈りの対象である。それは、豊作を妨げる恐ろしい自然の力も制御して、地域の安寧と繁栄を守ってくれる存在であり、まさに人知を超える威力を示す観念的存在といいうるものである。

　各地の地域の安寧と繁栄を守護する存在は、それぞれの地域の歴史を反映する点で個別の性格を有する存在であるが、地域を守護するという点で同質の存在である。それが確立した段階では、日本人の祭儀・信仰の歴史において登場した、初めてで唯一の神に相当する存在であるがゆえに、人々がそれを客観的に神のような存在として認識することはできていないと考えられる。また後述するようにカミ（神）という和語（やまと言葉）は古墳時代の５世紀半ば以降に形作られた可能性が高いので、神という概念も形成されていない。当時の人々には、地域の安寧と繁栄を守護する存在が神というものだ、という認識はなかったといえる。

　各地の地域の安寧と繁栄を守護する存在は、やがて土地神（トチガミ＝土地の守護神）と称されるようになり、古代神社祭祀の原点となる。筆者は土地神という呼称が古墳時代の初めから使用されたかのように考えてきたが、そもそも地域の安寧と繁栄を守護する存在は、古墳時代の初期にヤマト王権の統治秩序の確立にともなって広く明確化したと考えるべきであり、土地神と呼ばれるようになるのは５世紀半ば以降にカミ（神）という言葉が作られてから、さらに後の時期ということになろう。

　古墳時代に入り国家体制の構築・整備が進められる中で、社会的分業体制が明確化し、主に漁業を営む集団、水運を担う集団、鉄器生産や土

Ⅳ．古墳時代の祭祀と神々

器生産などの手工業を営む集団など、本格的な分業体制を担うさまざまな血縁的・地縁的集団が生じると考えられる。これらの集団はその生業や集落の発生にかかわる歴史をもとに、農耕祭儀とは異なる祈りの対象を取り込んだ独自の地域の安寧と繁栄を守護する存在を作り上げていく。ヤマト王権は朝鮮半島進出戦略を進める過程で、5世紀に半島から多数の技術者・技能者の集団を招来して、大和地域では玉類・鉄・ガラス・金細工などの高度な工房を、河内地域では須恵器や鉄器などの単一品生産の大型工房群を形成したと考えられており[38]、これらの集団は半島から持ち込んだ祈りの対象を組み込んで、独自の地域の安寧と繁栄を守護する存在を作り上げていったことが推測される。社会的分業体制や経済開発の進展とともに、地域の安寧と繁栄を守護する存在も多様化していく。

②「夜刀神伝説」が示すもの

弥生時代の後期後半以降に、水田開発は山裾や山間部に広がるようになったと考えられるが、その水田開発の広がりとともに、「開発された土地（田畑と住居地）」と「未開発の山」という対比が明確化した。水田開発と治水の労苦の様子、開発された土地と未開発の山を対比させる意識、豊作を妨げる災害の鎮圧を祈る姿や、開発地の安寧と繁栄を守護する存在が形成される過程が、つぎに掲げる『常陸国風土記』の行方郡(なめかた)の条の伝承（夜刀神伝説）に集約的に記されている。

> 「継体天皇のみ世に、ひとりの人物がいた。箭括(やはず)の氏麻多智(うじまたち)という。郡役所から西の谷の葦原を切り開いて新たに開墾した田を献上した。この時、夜刀(やと)の神（蛇）が相群れ引き連れて、仲間全部がやってきて、あれこれと妨害をし、田の耕作をさせなかった。［土地の言葉で、蛇のことを夜刀の神と言っている。（略）］こういう状況にあって、麻多智は、はげしく怒りの感情を起こし、甲鎧を身に

つけ、自分自身が杖を手に持って、打ち殺し追い払った。そこで山の登り口にきて、境界のしるしの柱を堺の堀に立て、夜刀の神に告げて言ったことには、『ここから上は、神の地とするのを認めよう。ここから下は人の田をつくるべきである。今から後、わたしが神主となって、永く後代までうやまい祭ることにする。どうかたたらないでくれ、恨まないでくれ』といって、神社を作って初めて夜刀の神を祭った、という。」[39]

「夜刀」は「谷戸」または「谷津」のことであり、平地が丘陵の谷筋に入って狭まっていくあたり、すなわち丘陵地が浸食されてできた谷状の地形をいう。開発される前は谷戸とその上の丘陵すべてが、人間の手が及ばない自然の威力が支配する世界であり、稲の稔りのもととなる水の流れをもたらすとともに、大水や土砂崩れや土石流などの災害を引き起こす力を持っていた。麻多智は葦原を切り開いて谷戸を開墾したが、当初は雨が降り続けば丘陵から蛇のように大水や土石流が押し寄せて水田を破壊することが続いたのであろう。毎年の農耕祭儀で災害の鎮圧を祈ってもなかなか災害はやまないが、麻多智は大水や土石流を防ぐために心血を注いであらゆる手立てを尽くした上、開墾地の端の山の登り口に標柱を立て、ここから上の山は自然の威力が支配する地なのでこれ以上の開墾は行わないことを誓い、自然の威力への畏敬として夜刀の神を祭り、今後は災害を起こさないでくれと祈ったのである。そしてようやく災害がおさまるようになり、麻多智の司祭のもとで、年年に豊作を祈り、豊作を妨げる災害の鎮圧を祈る祭り、すなわち開墾地の安寧と繁栄を祈る祭りが行われる中で、自然の威力への畏敬を、その祟りを防いで開墾を成功させた偉大な麻多智への称賛が包み込んで、開墾地の安寧と繁栄を守護する存在が明確化する。

弥生時代の土器の絵画に見られる盾と戈を持つ人物は、水田開発により自然を超克する姿を象徴すると推測されたが、この夜刀神伝説でも、

水田開発と治水の労苦の様子が、甲鎧を身につけ、杖を手に持って、大水や土石流と戦う姿で表現されている。

　なお、蛇は縄文時代には男根の象徴とされていたが、水田稲作が広まってからは、谷や沢の水の流れ下る姿や、平地で川がうねって流れる姿、大水や土石流が山から流れ下って田畑や住まいを破壊するさまなどから、水の流れや大水・土石流の象徴となり、さらに水そのものの象徴と見なされるようになる。スサノオノミコトに退治されるヤマタノオロチも、山々のいくつもの谷筋から流れ下って田畑や住居を破壊した大水や土石流の象徴といわれている。ヤマタノオロチ退治の物語は、出雲の国が平野部の低地の開墾のみならず、早くから地域一帯の山裾にまで開墾を広げたという、水田開発技術における特筆すべき歴史を物語っているのであろう。

（3）他界と霊魂
①霊魂観
　古代中国では、人間の身体には精神をつかさどる「魂」と肉体をつかさどる「魄」の二つの霊気があり、人が死ぬと魂は天に昇って神となり、魄は地に帰って鬼になると考えられていた[40]。魂魄の存在は儒教教典である『春秋左氏伝』に、魂魄が人の死後天地にそれぞれ帰ることは『礼記』に記されているので[41]、日本の弥生時代早期には、この思想が中国国内に広まっていたと考えられる。また中国では周代以来、「天」が地上をつかさどる至上神的性格を持つと認識されてきたので[40]、人の魂も天に昇れば神になり、その対比として魄が地に帰れば鬼になると考えられたのであろう。この魂魄の思想は、人は死後に再生しないという確信の上に成り立つものであり、人の死後に魂魄が帰るところが他界となる。この思想が日本に伝来すれば、日本人に他界と霊魂の認識の発生を促すことになると考えられるが、弥生時代末期までに他界と霊魂の認識が生

じたことを示す痕跡は、考古史料にも文字史料にも見当たらない。

やがて弥生時代後期の円形や方形の墳丘墓から、古墳時代の前方後円墳や前方後方墳が形作られる。古代中国では、人の死後に魂は昇天し魄は地に帰るという思想から、遺骸の埋葬施設は地下に作られるが、日本の古墳の埋葬施設は地上に盛り上げられた墳丘の上部に作られており、中国の魂魄の思想に見られる垂直構造の他界観とは全く異質の思想により埋葬されたものと考えられる。古墳時代前半の埋葬方法は竪穴に木棺や石棺を埋納していたが、この竪穴式石室も東アジア各地の古代墳墓には見られない極めて特異な埋葬施設であり、遺骸を納めた棺を石材と粘土で厳重に封じ込め、棺のまわりには多くの場合銅鏡が並べられる。一般には死者の眠りを妨げるものが入り込まないようにとの、辟邪(へきじゃ)のための道具と考えられるが、鏡面を棺の方へ、すなわち遺骸の方へ向けた例もあり、この場合は死者を封じ込める意味の方が大きかったといわれる[42]。

棺のまわりに銅鏡を並べて死者を封じ込めるのは、大きな霊力を持つ死者が生者に災いをもたらすことを避ける意図であると解釈するなら、古墳を築造する権力者層に死者の霊魂という認識が生じていたことになるが、この時期の古墳の埋葬は中国の魂魄の思想とは全く別の思想にもとづくと見られるので、魂魄の思想にもとづく霊魂観は生じていないと考えられる。

それでは、銅鏡はどのような意図で棺のまわりに並べられたのであろうか。弥生時代中期の方形周溝墓の葬送では、生者と死者を分断する儀礼が見られ、死を恐れ忌避する意識が窺えたが、この意識を込めて銅鏡を遺骸のまわりに並べたことが考えられる。偉大な権力者であった死者を称え、権力・権威の象徴として「見せる墳墓」である大きな古墳を築造するので、古墳の表面・外面に、死者を恐れ忌避する意識を露骨に形にすることはしにくい。墳丘の高みに遺骸を埋葬する際に、死者を恐れ

Ⅳ．古墳時代の祭祀と神々

忌避する意識を込めて、遺骸のまわりに威信財である銅鏡を配置したうえで全体を厳重に密閉したのであろう。この場合は、埋葬する側に死者を守ろうとする思いが強ければ鏡面を外に向け、死者を恐れ忌避する思いが強ければ鏡面を内側に向けることになる。

②古墳時代後半の変化

　古墳時代の後半になると、古墳の構造や内部装飾の変化に、霊魂の認識が生じたことを示す痕跡を見出すことができる。古墳時代の後半に広まった横穴式石室は、墓室への出入りを可能にする墓道や羨道(せんどう)を備えた石積みの埋葬施設で、墓室は複数の遺体を繰り返し運び込む追葬を容易にする構造であり、九州北部で4世紀後半に出現し5世紀を通じほぼ九州地域内で一定の広がりを見せ、6世紀になると畿内を中心に本格化して関東地方にも波及する。6世紀には須恵器や土師器(はじき)の飲食物の容器副葬が普及するので、死者が他所に行き着く新しい死生観が広く受容され、それにともなう儀礼が行われたと考えられている[43]。また、5～6世紀の九州では、横穴式石室に図紋や彩色などの装飾を施した装飾古墳が広まる。遺骸を守る辟邪の役割と考えられる図紋が当初は石室や石障だけに描かれていたが、次第に玄室全体に広がり、やがて羨道側壁にまで線刻が施されるまでになる。この辟邪図紋の広がりは、動かない遺骸から石室内を浮遊する霊魂へと辟邪の対象が変更されたこと、つまり霊肉分離の観念が成立したことを示すと見なされる[44]。

　中国の漢代に出現する横穴式室墓は、霊魂が地下の墓室内で安穏に生活することを願ったものであり、現世の邸宅になぞらえて埋葬施設をつくり、厨房、倉庫、厠など現世のあらゆる施設を地下に再現している。人の死後に霊魂は天に帰るという思想を前提とすれば、墓室内の霊魂の安穏な生活を考える必要はないように思えるが、おそらく当時の人々の死生観は理屈によって説明できるものではなく、霊魂の天地への帰趨(きすう)と

霊魂が地下の墓室内に生活する思想が混在していたと理解できる[45]。4世紀後半から5世紀にかけて、朝鮮半島からの移住者によりこの横穴式室墓の形態が持ち込まれ、九州地方で横穴式石室が広まったと考えられ、墓室内で生活する霊魂の思想も九州に及んできた可能性がある。『宋書』倭国伝に、5世紀後半中葉に倭王「武」が宋の順帝に送った上表文の内容が記されており、ヤマト王権が招来した漢人系知識人が文面作成に携わって『春秋経』、『詩経』、『三国志』などから語句を引用したと推測されるので、王権に招来された漢人系知識人から、儒教思想や魂魄の思想の断片がヤマト王権中枢に紹介・説明されたことも想定できる。また、5世紀に朝鮮半島から畿内に移住してきた多数の技術者・技能者集団も、横穴式室墓の形態や霊魂観を持ち込んだ可能性が考えられる。そして6世紀になると、513年に百済から五教博士の招聘が始まったように、中国の思想・信仰・実学について体系的な輸入・習得が始まり、国内の支配層・知識人層にその理解が広まる。この時期に九州地方における古墳内部の側壁全体に図紋が広がり、畿内を中心として古墳に横穴式石室が本格的に普及し、各地の古墳内部で須恵器や土師器などの飲食物の容器副葬が広まって、古墳内部で生活する死者の霊魂という観念が読み取れるようになった。

　弥生時代中期に死者は再生しないとの確信が生まれて、死を恐れ忌避する意識が明確になり、弥生時代後期には死を穢れたものと見なす意識が広まっていたが、弥生時代末期までに他界と霊魂の観念の明確化を示す痕跡は見当たらなかった。弥生時代末期から2世紀以上を経た6世紀に入って、ようやく霊魂の観念が古墳を築造する権力者層において広く明確化したことになる。

③「鳥船」というモチーフ
　6世紀中葉以降の九州地方の横穴式石室には、玄室全体から羨道側壁

Ⅳ．古墳時代の祭祀と神々

に広がった壁画の中に船や馬や人物の図が書き込まれるようになる。その画の中に、太陽の輝く現世から月の支配する来世へ、舳先に止まった鳥に導かれて船出する状況を読み取り、死者の魂を来世に送る船が海上他界観を示しているという見解があるが[42]、来世に船出する姿ではなく横穴式石室に船が到着した姿と見て、海上他界観の存在を否定する見解もある[44]。鳥船のモチーフは4～5世紀の近畿地方の古墳の埴輪にも造形があり[42]、遡れば弥生時代の土器に、農耕にかかわる絵画の一つとして、頭に鳥の羽飾りをつけた人物が船を漕ぐ姿も見られた。

　この弥生時代の頭に鳥の羽飾りをつけて船を漕ぐ姿と、4～5世紀の近畿地方の埴輪の鳥船や、6世紀の九州地方の横穴式石室の壁画の鳥船は、時代は離れているが、同じモチーフによるものであり、朝鮮半島からの移住者が水田稲作をもたらした伝承を示すものであると考えることができる。水田稲作という高度文明の渡来を称え、それをもたらした移住者の勇気と先見の明を称える趣旨の画や造形である。どの時代にも登場する鳥は、移住者が遠望の能力を象徴する鳥に導かれてはるばる九州の地に渡ってきたことを示していると見られる。横穴式石室の壁画では、船の舳先に止まっている鳥は遠望の能力を持つ鳥が水先案内を務めている姿を、太陽と月は何日もかかる船旅であったことを示しているのであろう。古墳の被葬者が農耕祭儀を執行する司祭者であったことを考えれば、4～5世紀の近畿地方の古墳の埴輪の鳥船や6世紀の九州地方の装飾古墳の壁画の鳥船は、移住者により水田稲作が開始された伝承や被葬者が水田稲作を持ち込んだ移住者の系譜に連なることを示す、という推測も無理なく成立する。また4～5世紀の奈良地域の古墳から船の部材そのものが発掘されていることを見れば、船は「水田稲作をもたらした偉大な移住者の乗り物」から、古墳での葬送において「偉大な被葬者を運ぶ乗り物」に役割を広げていったことが想定される。

(4) 人格神
①古墳時代の前半

　弥生時代の後期にあたる後漢の時代の中国では、従来の儒教に加えて仏教が伝来し、道教が教団結成とともに明確化して三教の基礎が確立する。道教の源流ともなった神仙思想は、不老不死へのあこがれを中核とし、特殊な修行により仙人となって神仙境に至り不老不死を実現する思想であり、神仙の中心的な存在は西王母という女神とされ、のちに東王父という男神も加わる。神仙思想は後漢代に盛行するが、人間を主体とした信仰であり、実在の人物もさまざまな契機によって神仙の仲間入りをすることにより、雑多な神仙が数多く輩出した[46]。神仙思想が源流となる道教についても、思想全体は日本に伝来することはなく、その中心をなす神仙思想や方術・医術など実践にかかわるものが、6世紀に倭国に招かれた百済の博士により体系的に伝えられたとされる[47]。仏教は6世紀前半に百済から外交ルートで日本に伝来するが、それ以前に渡来した朝鮮系・漢人系の人々が仏教を私的に持ち込んだことは確実であり、さらにヤマト王権は百済王権や任那の活動拠点をとおして早くから中国・朝鮮半島における仏教の広がりを伝聞していたと思われる。

　神仙思想・道教・仏教においては人格神が崇拝の対象となり、人の形をした像が器物や建造物に表されるが、一方、日本の古墳時代の特に前半の特色は、人物造形が極めて乏しい点にあるとされる[46]。この指摘は、古墳時代の前半までは日本人の信仰に明確な人格神の観念がなかったことを示唆している。

　弥生時代から古墳時代の前半までの日本人の信仰的対象は、農耕祭儀の祈りの対象と、農耕祭儀の上に形作られた地域の安寧と繁栄を守護する存在である。農耕祭儀の祈りの対象は、豊作をもたらす水や祖先の土地開発の歴史と豊作を妨げる災害の鎮圧であり、地域の安寧と繁栄を守護する存在は農耕祭儀の祈りを首長の土地支配の歴史が包み込んで生じ

Ⅳ．古墳時代の祭祀と神々

る観念であって、ともに明確に人格的な姿を持っていない。

　また、神仙思想が6世紀に体系的に伝えられたという指摘や、古墳時代の前半の器物や建造物には人物造形が極めて少ないという指摘を前提とすれば、古墳時代の前半でも倭国内で神仙思想の理解が広まっていなかったことになる。したがって、弥生時代後半から古墳時代の初期にかけて副葬された多くの銅鏡に見られる神仙思想を表す図像や文字は、倭国の人々に文様として受け取られただけで、思想内容が理解されていたわけではないことになり、卑弥呼・壱与の時代に、神仙思想が理解され倭国の国家祭祀に利用されることもなかったということになる。

②王権の祖先の神格化と倭国の守護神
　ヤマト王権は4世紀後半に積極的な朝鮮半島進出戦略に踏み切り、沖ノ島で半島との往来の安全や軍事進出の成功を祈願する国家祭祀を開始する。沖ノ島祭祀遺跡の遺物には当初から古墳の副葬品に類似したものが見られるので、古墳祭祀と同様に王権の父祖に対して祈りを捧げたことが推測される。これは倭国統治を確立した王権の父祖の力に頼って、半島との往来の安全や軍事進出の成功を祈る祭祀であったと考えられる。その後朝鮮半島戦略が継続される中で、5世紀後半以降の沖ノ島祭祀遺跡の遺物の変化から、ヤマト王権が祖先の神格化を進めたことを読み取ることができる。この王権の祖先の神格化は、祖先が推進した朝鮮半島戦略の正当性を確保し、今後もその戦略を継続する王権の権威を磐石なものとするための施策であったと思われる。ヤマト王権の国家祭祀は、朝鮮半島戦略を開始したことにより、豊作祈願により倭国の安寧と繁栄を祈る形から、領土の拡大・保全により倭国の安寧と繁栄を祈る形に重点が移行した可能性があり、王権の祖先の神格化は、自ずと領土の拡大・保全祈願にふさわしい倭国の安寧と繁栄を守護する存在（倭国の守護神）を目指すことになったと考えられる。

この朝鮮半島戦略は512年の任那割譲で転機を迎え、562年に新羅により任那が併合され、倭国は半島の活動拠点を喪失するという事態に陥る。この過程でヤマト王権は祖先の神格化を完成させるために、天地開闢(かいびゃく)から倭国統治確立にいたる神話の原形（原神話）を形成したと推測される[1]。原神話は、当時体系的に日本に輸入された中国思想・仏教思想や、中国王朝・朝鮮諸国の建国神話などを参考に、継体朝から欽明朝にかけて形成されたと考えられ、原神話の神々が設定されることにより、日本独自の明確な人格神が初めて登場した。

　原神話の形成は、倭国独自の歴史と伝統を明確化することにより、ヤマト王権の権威を揺るぎないものとするための施策であり、その成果は次の3点に集約できる。ⅰ）政治的には、天地開闢から倭国統治に至る王権系譜の歴史を明確化することにより、ヤマト王権の正統性が確立した。ⅱ）思想的には、原神話の神々により倭国の安寧と繁栄を守護する存在（倭国の守護神）が構成され、外来の神々、特に仏教の仏たちに対峙する構図が成立した。ⅲ）祭祀においては、伝統的祭祀の土台である地域の安寧と繁栄を守護する存在（土地の守護神）の上に、原神話の神々（倭国の守護神）を置くことにより、伝統的祭祀の構造的体系化が完成した。

（5）祖先祭祀と祖先神
①祖先祭祀
　祖先は「ある系譜に連なる過去の死者たちの総体」であり、個々の死者を埋葬する葬送とは区別して、死後にときを経て行われる過去の死者たちへの定期的な祭儀を祖先祭祀と呼ぶ。死者は葬送により埋葬された後、ときを経て祖先に仲間入りする。祖先祭祀について縄文時代以来の態様を確認してみる。

　縄文時代には、死者の再生能力の保持・発現の観点から葬制・墓制が

Ⅳ．古墳時代の祭祀と神々

形作られた。死者の一次埋葬を出自や性により区分することは、縄文人が再生能力の維持確保の目的に沿って死者・祖先の系譜を見ていたことを示している。再葬は死後にときを経て行われるものであり、再生能力の発現に感謝して行われた祖先祭祀の一形態といえる。環状列石などで想定される祖先祭祀は、祖先の再生能力の発現を祈りながら、部族全体の維持存続と結束を願う祭儀であったと考えられる。

　農耕社会が広く定着する弥生時代の中期には、「人間が農耕により自然を超克して豊穣をもたらし、家族・集団を維持発展させる」という基本的世界観が成立する。縄文的再生観念は衰退して「死者は再生しない」という確信が生じるとともに、再生能力の保持・発現の観点にもとづく系譜観念も衰退する。水田稲作という労働集約的な農耕を集団で行うようになった共同体社会においては、指導者のもとで協業を円滑に行い、農耕祭儀により豊作を願いながら収穫を実現することが最重要であった。農耕祭儀において、水とともに豊作をもたらすもととして崇められた祖先の水田開発の努力も、集団的な開発の歴史であり、集団内の系譜の観点から祖先を意識したものではない。生者の努力を称える意識や、死を恐れ・忌避し・穢れたものとする意識が生じたことにより、祖先や系譜に対する関心そのものが衰退した可能性もあろう。この時代に、個々の死者の葬送と区別された祖先祭祀が行われたか否かは不明である。

　弥生時代の後期に入り権力を持った首長が登場し始めると、地域支配の体制が成立するようになり、首長の権威を正当化する系譜（正統性）が重視されるようになる。首長が死ねば首長墓で死者を称え追悼するとともに、司祭者である子孫への権力継承を示威する葬儀が営まれるようになり、権力継承の系譜の意識を中心とした葬送祭祀が形作られる。個別の地域支配体制の成立から統一的倭国の成立を経て、前方後円墳での葬送祭祀が行われる古墳時代には、後半になると霊魂の観念も明確化するが、推測されている古墳での祭祀は死者を埋葬するまでの葬送儀礼で

あり、死後にときを経て行われる祖先祭祀ではないようだ。王権は6世紀の原神話形成とともに祖先神を崇敬する定期的な祭祀を始めたはずであり、それは架空の祖先神に対する祭祀ではあるが、王権系譜における祖先祭祀の始まりに当たるのであろう。

　古代中国では祖先祭祀が社会秩序の根幹をなしており、祖霊を祭る宗廟において祖先祭祀が執り行われたが[48]、古墳時代の前半までの日本には、古代中国の祖先祭祀を重視する思想や霊魂の思想は顕在化していないと考えられ、祖先祭祀の態様も不明である。

　まとめると、ⅰ）縄文時代の葬制・墓制には、死者・祖先の再生能力に焦点を当てた系譜観念と祖先祭祀を見ることができ、ⅱ）弥生時代の中期ごろの葬制・墓制には系譜観念の明確な意識は見出しにくく、祖先祭祀の態様も不明であり、ⅲ）弥生時代後期ごろから古墳時代前半までの葬送祭祀には領域支配権にもとづく系譜観念を見出すことができるが、祖先祭祀の態様は不明である。

②祖先神

　祖先神は祖先を神格化したものであり神の一員である。祖霊は祖先の霊魂の集合体であるが、祖先神と同様に見なされることが多い。

　中国殷代の王は天帝の子孫と称して正統性を示威し、周代の王は天帝の長子として天命を奉じて治世を行ったといわれており、天は周代から至上神的性格を持つものとして認識された。古代中国王朝における祖先祭祀は王権系譜の正統性を示すための祭祀であるが、王が天帝の子孫や長子であるならば、祖先祭祀を行う中から自ずと祖先神という観念が生み出されるように思われる。また、死者の魂は昇天して神になるという古代中国の霊魂観は、人の魂が赴く天が至上神であることから生じたものであろうが、過去の死者たちである祖先が既に昇天して神になっているとすれば、祖先祭祀は祖先神に対する祭祀ということになろう。

古代中国の祖先祭祀を重視する思想や霊魂観は古墳時代の前半までは日本に明確な影響を与えていないので、それらにもとづく祖先神の観念も生じていなかったと思われる。6世紀になると霊魂の観念も明確化し、後述するようにそのころにはカミという和語も明確化したと考えられる。この時期にヤマト王権の正統性を示す原神話が形成されて人格神としての祖先神が導入され、日本独自の明確な人格神と明確な祖先神が初めて登場する。

　古代日本の祭祀儀礼は、神々の祭祀と死者の葬祭に二分され、両者は儀礼行為において部分的に共通するものも見られるが、目的・性格を全く異にするものとされる[49]。古墳時代の6世紀に原神話が形成された段階で行われていたと思われる祭祀の中で、神々に対する祭祀といえそうなものは、各地の地域の安寧と繁栄を守護する存在に対する祭祀、沖ノ島祭祀、三輪山麓祭祀、原神話の王権祖先神に対して開始された祭祀であろう。地域の安寧と繁栄を守護する存在に対する祭祀は豊作祈願の農耕祭儀をもとに形成され、沖ノ島祭祀は倭国統治を確立した王権の祖先の力に頼って半島との往来の安全や軍事進出の成功を祈る祭祀として開始され、三輪山麓祭祀は王権直轄地で行う農耕祭儀として開始されたものであり、いずれも死者の葬送とは目的・性格を異にする祭祀である。原神話の王権祖先神に対する祭祀は、王権の正統性を確立するために設定された架空の神々に対する祭祀であり、やはり実在の死者の葬送とは目的・性格を異にする祭祀といえよう。

(6) カミという言葉
①大昔にカミはいなかった

　神は宗教において畏れ崇められる信仰対象、あるいは一般的に人知を超える威力や霊的威力を示す存在を指す言葉である。本居宣長は、「良いことでも悪いことでも異常に大きな威力を感じさせるもの」が神であ

ると説明している。神は和語では「カミ」であるが、日本人はいつから畏れ敬う大いなる力をカミと呼ぶようになったのであろうか。カミという和語が形成されることは、カミという言葉の概念が明確化することを意味する。縄文時代と弥生時代の精神世界を探ってきた経過と積み重ねた推論からは、そもそも日本人の中でカミという和語が形成された時期、すなわちカミという言葉の概念が明確化した時期は、あまり古くないように思える。いままでの推論の蓄積をもとにカミという言葉の形成を推察してみる。

　カミという言葉の概念は極めて抽象度が高い。木や石や火を指す「キ」や「イシ」や「ヒ」という言葉は、目に見える具体的なものの中から共通性・類似性を抽象化した言葉であるが、カミという言葉は思考上・意識上の観念を抽象化したという点でさらに抽象度が高く、より高度な精神活動を営むようになってから生み出されたと考えられる。したがって、カミという和語は、キやイシやヒという和語ができた時期よりかなり後になってから生み出されたと見られる。

　縄文人は生活の全てを自然環境に依存しているために自分たちの力を明確に認識していないとともに、自分たちを取り巻く自然環境の圧倒的な力そのものも客観的に認識していない。彼らは霊魂の存在も認識していなかった。縄文人は、神のような観念的存在を認識しうる前段階にあり、神のような観念的存在を崇めて祈りを捧げるという意識も生じていなかったと考えられる。弥生時代中期には、農耕社会が定着して農耕祭儀が社会生活の中心的な祭儀となる。農耕祭儀は、豊作をもたらすもととなる水や祖先の水田開発の努力を称え、豊作を妨げる日照りや長雨や病虫害などの鎮圧を祈るものである。その祈りの対象は具体的な事柄であって、人知を超える威力を示す観念的存在、あるいは霊的存在の姿を見出すことはできない。日本人はいまだ、人知を超える威力や霊的威力を示す観念的存在を認識しうる状態にはなかったと推測される。

②和語という言語体系

弥生時代の後期後半に卑弥呼を女王とする統一的倭国が形成されたことは、それまで地域差があったと思われる各地の在来の言語の中で、卑弥呼政権が使用する言語を標準的言語にするとともに、統治上必要な新たな言葉（新たな概念）を形成する契機になったであろう。「魏志倭人伝」には「女王国より以北には、特に一大率を置き、諸国を検察せしむ」と書かれている。卑弥呼は統治のために諸国を検察する「一大率(いちだいそつ)」という軍事機構を置いたということだが、これは卑弥呼政権により設置された新たな統治機構であり、和語でどのように呼ばれていたかは不明だが、新たな統治機構として新たな呼称がつけられたと思われる。ヒミコという名称は個人名ではなく、女王を意味する役職名とする見解があるが、そうであれば倭国の女王という新たな概念を示す新たな言葉が明確化したことになる。

このように倭国が統一して統治されるようになると、中央政権が使用する言語が標準的言語になるとともに、統治の過程で新たに必要となる事物や概念を指す新たな言葉が生み出されて語彙の広がりが生じる。おそらく首長による地域支配の始まりから卑弥呼の時代にかけて、正確な意思伝達を行う必要性から自ずと言語表現の文法構造や母音・子音の音韻体系が整い、地域支配や国家統治に必要な新たな事物や概念を示すために語彙の広がりが進んで、和語という言語体系の骨格が急速に固まっていったのであろう。

③卑弥呼の時代

「魏志倭人伝」は「（卑弥呼は）鬼道につかえ、よく衆を惑わす」と記しており、「鬼道」が何を指すかは別として、卑弥呼が行う祭祀は神を祀る儀式とは表現されていない。卑弥呼政権自身が祭祀に関してカミという言葉を使っていたことを示す記述もない。卑弥呼が行ったと思われ

る倭国の豊作と安寧・繁栄を祈願する国家祭祀は、予知・予言などの呪術的要素を持つ素朴で土俗的な農耕祭儀であり、それを伝聞した魏の使者には、天帝や王権の祖先を祀る儀礼とはかけ離れた奇妙な国家祭祀に思えたのであろう。

卑弥呼の時代は、水田開発の山裾や山間地への広がりにともない、豊作を妨げる自然の力は人知を超える威力であるとの認識が生じ、農耕祭儀を首長の地域支配の歴史が包み込んで、地域の安寧と繁栄を守護する存在という観念的存在が醸成される過渡期であった。卑弥呼は倭国の豊作と安寧・繁栄を祈る国家祭祀を行い、銅鏡を使用した祭祀も付加するが、自己の権威を示す効果的な祭祀を創出することに精一杯で、各地の首長層の祭祀を王権の祭祀の下に管理統制するまでには至っていない。卑弥呼はあくまで各地の有力首長に共立された女王であり、各地首長を支配服属関係の下に従えたわけではないので、首長層が行う祭祀を王権が行う祭祀の下に管理統制するまでの力はなかったのであろう。この時代の日本人には、祈りの対象となる人知を超える威力を示す観念的存在は明確化していなかったと考えられ、人知を超える威力を示す観念的存在を祭祀の対象に設定しようとする意識も生じていなかったと思われる。いまだカミという和語が形成される機は熟していなかったといえよう。

④カミの誕生

卑弥呼・壱与の政権後に王権の平和的継承と統一的倭国の維持という最大の課題を乗り越えるために、ヤマト王権は王権強化と国家体制の構築・整備を進めるが、その過程でさまざまな新たな言葉が形成されたことが推測される。

王権は当初から古墳での葬祭と農耕祭儀の祭祀全般にわたって統一化・体系化を進め、王権が行う祭祀を上位に、各地首長の司祭する祭祀を下位に置く祭祀の序列的階層構造を明確にした。4世紀後半からは沖

Ⅳ．古墳時代の祭祀と神々

ノ島において新たな国家祭祀を開始して祭祀が多様化する。このころには地域の安寧と繁栄を守護する存在という観念的存在が確立しており、人知を超える威力を示す観念的存在を認識する土壌が整っていた。さらに 5 世紀後半から 6 世紀にかけて、横穴式石室の広まりとともに霊魂の観念が明確化することは、神という観念的存在を明確に認識する重要な契機になったと考えられる。

　5 世紀後半から 6 世紀にかけての時期は、ヤマト王権が沖ノ島祭祀において王権の祖先の神格化を進めるとともに、地域の安寧・繁栄を守護する存在に対応して、倭国の安寧・繁栄を守護する存在の明確化を目指す時期である。王権はその過程で、王権の祭祀の対象として大きな威力を持つ観念的存在を想定したカミという用語を作り、「王権が行う祭祀の対象をカミと呼ぶ」とか、「国家祭祀とはカミに対して祈る儀式である」というように定義した可能性を推測することができる。ヤマト王権は、自らの行う祭祀に絶対的な権威を付与するために、地域の安寧・繁栄を守護する存在を超える大きな威力を持つ観念的存在を想定し、それをカミと呼んで、自らが行う祭祀の祈りの対象に設定しようとしたのである。

　カミという和語は、輸入された漢字を理解する過程で新たに作られたという想定も可能である。元来文字を持たなかった日本人は、中国から輸入された漢字に同じ意味を持つ和語の発音を当てはめて読む「訓」という方法を編み出して、漢字・漢文を容易に理解できるように工夫した。神、天神、太一神、神社、神宮、鬼神、祭、賽祠(さいし)、斎宮、祝詞(のりと)、神符などの言葉は、当然ながらすべて中国古典の漢籍に記されている[41]。中国思想に関する漢文とともに伝来したこれらの言葉を理解する過程で、個々の漢字・漢語の概念と類似した概念を持つ和語があれば、その発音を当てはめて訓読できるが、既存の和語にはなかった概念を持つ漢字・漢語については訓読用に新たな和語を作る必要がある。「神」という漢

字についても、その概念に相当する和語はなかったので、新たに「カミ」という和語を作って訓読することにした可能性がある。手元の漢和辞典を見ると、神の字の「申」は稲光の形を表す古い字形がもとであり、音のシンはふるえる意の語源の「震」がもとであると解説されている。古代中国の人々は、雷が天地を震わせ轟くのを恐れて、天が偉大な威力を示す神であると考えたのであろう。漢字の訓読がなされた早期の確実な痕跡は、6世紀半ばごろに築造された島根県の岡山田一号墳出土の鉄剣銘の表記であるとされる[50]。すでに5世紀代から到来する漢字・漢語について訓読が試みられた可能性はありうるが、6世紀になると大量の漢文が輸入されるようになり、本格的に訓読の工夫が行われるようになる。513年の五経博士招聘を皮切りに、ヤマト王権は百済から学者や僧を交代で招聘して、中国思想・仏教思想・実学の体系的習得を進める。この過程で既存の和語に対応しないさまざまな漢字・漢語がもたらされ、訓読用に多くの新たな和語が作られたはずであり、カミという和語もその中の一つであった可能性がある。この時期は原神話が形成される時期であり、当初は原神話の神々に限って神と称し、カミと読んだのかもしれない。

　カミという言葉が作られる二つの場合を想定したが、いずれの場合も、当初は王権の祭祀にかかわる用語として、極めて限定的に使用されたと考えられる。すでに各地の首長の祭祀において地域の安寧と繁栄を守護する存在という観念が明確化していたが、それが土地神と呼ばれるのは、カミという言葉が広まって一般的に使用されるようになってからであろう。また氏姓制度は5世紀末から6世紀前半に明確になったといわれるが、「氏神」という呼称が使われるようになるのも、氏姓制度が形成された後、しばらく経ってからということになる。

　また「神」を表すカミと「上」を表すカミは、上代仮名遣いで異なる発音であったとされる。カミ（神）が古墳時代になってから作られたと

Ⅳ．古墳時代の祭祀と神々

すれば、おそらくそれ以前から使用されていたカミ（上）と区別するために、別の発音を当てはめたことは当然といえる。

（7）古墳時代の祭祀と神々
①古墳時代の基本的世界観
　縄文人の基本的信念は、「死者・祖先が子孫として再生し、家族・集団を維持存続させる」というものであり、弥生人の基本的世界観は「人間が農耕により自然を超克して豊穣をもたらし、家族・集団を維持発展させる」というものであった。弥生時代の後期ごろから首長が登場して地域支配の構造が確立し、末期には統一的倭国という領域が形成されて、社会構造が格段に複雑化する。これらの経緯を踏まえて、あえて古墳時代の権力者層を中心とした基本的世界観を想定するならば、「農耕社会の基盤の上に、安定した領域支配が社会を維持発展させる」と言い表すことができよう。社会経済の基盤は農耕（水田稲作）であり、倭国という国家領域の統治が安定することにより倭国全体の維持発展が図られ、各地の領域支配が安定することにより地域社会の維持発展が図られる。国家の全体領域と各地域の領域の両方を含んで「領域支配」と表現する。

②さまざまな祭祀と神々
　古墳時代になると、各地にそれぞれの土地支配の歴史を反映した地域の安寧・繁栄を守護する存在という観念的存在が明確化し、これに対して豊作と地域の繁栄・安寧を祈願する形式が確立して、倭国の伝統的祭祀の土台を形作る。ヤマト王権は祭祀の統一化・体系化を進めるとともに、沖ノ島における新たな国家祭祀を開始する。この国家祭祀は、関連するさまざまな祭祀を生み出して祭祀の多様化が進むとともに、倭国の安寧と繁栄を守護する存在（倭国の守護神）の明確化を推し進める。そ

して霊魂の観念が明確化するころに、体系的に日本に輸入された中国思想・仏教思想や中国王朝・朝鮮諸国の建国神話などを参考に、天地開闢からヤマト王権誕生を物語る原神話が形成されて、日本独自の人格神としての祖先神が登場する。原神話の神々が地域の安寧と繁栄を守護する存在(土地の守護神)の上に倭国の守護神を構成して、倭国の伝統的祭祀の構造的体系化が完成する。それらの経過の中で、人知を超える威力や霊的威力を示す存在を指すカミという言葉が作られ、その言葉の広まりとともに祭祀とは神に対して祈りを捧げる儀礼であるという一般的な認識が定着する。

　古墳時代になって、ヤマト王権による倭国統治の進展の中で祭祀全体の体系化と多様化が進むとともに、祈りの対象となる観念的存在や神々がつぎつぎと姿を現し、『古事記』・『日本書紀』に現れる神々の原形が一挙に勢揃いした。

③神の登場前後

　縄文時代あるいはそれ以前から、人々は生活の中でさまざまな願いや望みがあるときに、個人的であれ集団的であれ、儀礼的な形をとおして願いや望みが叶うように祈ってきた。現代の我々はすでに神仏の観念を持っているので、人々が儀礼的な行為で祈願する先には当然のように神や仏がいるものだと考えてしまうが、必ずしもそうとはいえない。病院のベッドの上で高熱や激痛にうなされている子供の前で、両手を組んで必死に子供の熱や痛みが下がることを祈っている母親は、必ずしも神や仏を心に描いて祈っているのではなく、子供への必死の思いが自ずと手を組んで祈る姿となっているのかもしれない。縄文時代や弥生時代に祭儀の痕跡が見つかると、何らかの神や霊的なものに対する祭儀であると考えがちだが、これらの時代の祭儀には、神のような存在や霊的存在の姿を見出すことはできなかった。

人々は神や霊的存在を認識する以前から、生活においてさまざまな願いや望みが実現するように祈り、人生のさまざまな場面で味わう喜びや悲しみを表現するために祭儀を行ってきた。祭儀において行われる儀礼的行為は、神や霊的存在に対する行為ではなく、祈りや思いを表明するために形作られた習俗であり、集団の秩序や一体感を維持確保するための形式であろう。

　人々は何らかの歴史的な社会状況の中で、人知を超える威力や霊的威力を示す観念的存在を認識し、祈りの対象として広く共有するようになると考えられる。

　人々が神という観念的存在を明確に認識するようになると、神そのものを崇める儀礼と、神の力に頼って具体的な事柄の実現や鎮圧を祈る儀礼を始める。さらに、何か具体的な事柄の実現や鎮圧を祈る場合に、祈りの対象としてふさわしい神を随時想い描くようになる。例えば、大地震が起きて大きな被害を受けたので、もう二度と大地震が起きないように地震の神を思い描いて祈りを捧げ、大風で稲が倒れて不作になれば、また大風が吹かないように、風の神を思い描いて祈りを捧げるように、人々は必要な祈りに応じてさまざまな神々を生み出すことができるようになる。

　祭儀はもともと人々の生活における具体的な願い・望み・喜び・悲しみなどを直接表現する儀礼・儀式であったが、ひとたび神という観念的存在を認識すると、多くの祭儀が神に対する儀礼・儀式と見なされるようになる。

④自然信仰と山岳信仰

　神道の古い形は森羅万象に霊力が宿るとする自然信仰的なものであるとか、日本には山岳信仰といわれるものが古くから存在し、修験道は山岳信仰を土台にして深山幽谷で修行を行う宗教として形成されたという

ように、自然信仰や山岳信仰といわれるものが古墳時代より以前から存在し、それを土台として神道や修験道が形成されたかのような論説を見かける。しかし、縄文時代は神のような観念的存在を認識する以前の段階にあり、弥生時代にも神のような観念的存在の姿は認められなかった。

　古墳時代になると、日本人の祭儀・信仰の歴史において初めて神と呼ぶにふさわしい観念的存在が確立し、霊魂の観念も生じる。そしてカミという言葉が作られ、『古事記』・『日本書紀』の神話の原形が形成されて神々がつぎつぎに姿を現すとともに、神仙思想や仏教思想も導入され、人々は必要に応じて神々を生み出すことができるようになる。さまざまな自然物・自然現象の神秘的・霊的な威力を崇める自然信仰や、山そのものや山中の自然物の霊的な威力を崇める山岳信仰が形成される土壌は、この時代に至ってようやく整ったことになる。

参考文献

はじめに
1) 岩本隆二『古代神道の形成を探る』岩波ブックセンター 2015（およびアマゾン KDP 2016）

Ⅰ. 手掛かりとなるもの
2) 「古事記伝三之巻」『本居宣長全集　第九巻』筑摩書房 1968
3) 「神の語義と類型」『神道事典』弘文堂 1994
4) 「アニミズム」『文化人類学事典』丸善 2009
5) 佐々木宏幹「エドワード・タイラー『原始文化』」『文化人類学の名著50』平凡社 1994

Ⅱ. 縄文人の精神世界
6) 佐藤宏之「日本列島の成立と狩猟採集の社会」『岩波講座日本歴史1』岩波書店 2013
7) 山田康弘「縄文時代の葬制」『縄文時代の考古学9』同成社 2007
8) 丹羽佑一「他界観念」『縄文時代の考古学11』同成社 2007
9) 谷口康浩「祖先祭祀」前掲8) 同書
10) 高橋龍三郎「関東地方中期の廃屋墓」前掲7) 同書
11) 春成秀爾「狩猟・採集の祭り」『古代史の論点5』小学館 1999
12) 太田原潤「大規模記念物と二至二分」前掲8) 同書
13) 鈴木素行「石棒」前掲8) 同書
14) 原田昌幸「土偶の多様性」前掲8) 同書
15) 金子昭彦「遮光器土偶」前掲8) 同書
16) 小野美代子「縄文土偶と祭祀」『原始・古代日本の祭祀』同成社 2007
17) 大塚和義「縄文の狩猟儀礼」『古代史復元2』講談社 1988
18) 千葉敏朗「下宅部遺跡における狩猟儀礼」前掲16) 同書
19) 山田康弘「土器を埋める祭祀」前掲16) 同書
20) 谷口康浩「祖先祭祀の変容」『弥生時代の考古学7』同成社 2008

21）山田康弘「縄文文化と弥生文化」『弥生時代の考古学1』同成社 2009

Ⅲ．弥生人の精神世界
22）設楽博己「弥生時代の儀礼の諸相」前掲 20）同書
23）小林青樹「盾と戈をもちいた儀礼」前掲 20）同書
24）中村慎一「農耕の祭り」前掲 11）同書
25）安藤広道「弥生文化の世界観」『弥生時代の考古学9』同成社 2011
26）「シャーマニズム」前掲 4）同書
27）辰巳和弘「水と井戸のまつり」前掲 20）同書
28）大庭重信「方形周溝墓の葬送儀礼」前掲 20）同書
29）石川日出志「再葬の儀礼」前掲 20）同書
30）都出比呂志「環濠集落の時代」『古代国家はいつ成立したか』岩波新書 2011
31）人間文化研究機構総合地球環境学研究所　2014年5月プレス懇談会資料
32）岡田荘司「神道とは何か」『日本神道史』吉川弘文館 2010

Ⅳ．古墳時代の祭祀と神々
33）福永伸哉「前方後円墳の成立」前掲 6）同書
34）佐々田悠「記紀神話と王権の祭祀」『岩波講座日本歴史2』岩波書店 2014
35）笹生衛「祭祀の誕生」前掲 32）同書
36）菱田哲郎「古墳時代の社会と豪族」前掲 6）同書
37）「子持勾玉」『日本考古学事典』三省堂 2002
38）吉村武彦「東夷の小帝国と倭の五王」『ヤマト王権』岩波新書 2010
39）新編日本古典文学全集5『風土記』小学館 1997
40）神塚淑子「有神と無神」『岩波講座東洋思想13』岩波書店 1990
41）福永光司「中国宗教思想史」前掲 40）同書
42）白石太一郎「墓と他界観」『列島の古代史7』岩波書店 2006
43）鈴木一有「横穴式石室」『古墳時代の考古学3』同成社 2011

44）広瀬和雄「古墳時代の霊魂観」『前方後円墳の世界』岩波新書 2010
45）向井佑介「中国諸王朝と古墳文化の形成」『古墳時代の考古学7』同成社 2012
46）森下章司「中国の信仰と古墳時代」『古墳時代の考古学6』同成社 2013
47）和田萃「道術・道家医方と神仙思想」前掲42）同書
48）中村慎一「古代中国の儀礼」前掲11）同書
49）岡田精司「神と神まつり」『古墳時代の研究12』雄山閣出版 1992
50）沖森卓也「和文の成立」『日本語の誕生』吉川弘文館 2003

著者略歴

岩本隆二（いわもと・りゅうじ）

1947年　神奈川県横浜市に生まれる
1970年　大学卒業後大手製造会社に入社
2009年　定年により退職
2015年　『古代神道の形成を探る』を自費出版

埼玉県さいたま市に在住

古代日本の神々の世界──神はいつごろ登場したのか？

2017年7月31日　初版発行

著　　者　岩本隆二

制作・発売　中央公論事業出版
　　　〒101-0051　東京都千代田区神田神保町1-10-1
　　　電話 03-5244-5723
　　　URL http://www.chukoji.co.jp/

　　　印刷・製本　藤原印刷

Ⓒ 2017 Iwamoto Ryuji
Printed in Japan　ISBN978-4-89514-477-3 C0021

◎定価はカバーに表示してあります。
◎落丁本・乱丁本はお手数ですが小社宛お送りください。
　送料小社負担にてお取り替えいたします。